W0237100

L'univers du
Havane

A Sévan et à son Grand-Papa

© Solar 1995
ISBN : 2-263-02369-0
Code éditeur : 201 043 7
Dépôt légal : novembre 1995
Imprimé en Espagne

Gérard Père et Fils

L'UNIVERS DU *Havane*

Photographies
Matthieu Prier

SOLAR

RODRIGUEZ
ARGUELLES
HABANA
H. UPMANN
HABANA
HOYO DE
HABANA
PARTAGAS
HABANA

Sommaire

Avant-propos

Plus qu'un monde, le Havane est un univers. Un univers d'une telle richesse que, comme tout ce qui touche à l'art de vivre et aux produits de bouche, il exige un tant soit peu d'attention et de culture pour être pleinement savouré.

C'est pourquoi nous avons voulu prolonger le travail accompli il y a quelques années avec *Le Guide de l'amateur de Havane*. Car, si ce premier ouvrage s'attachait plus particulièrement à l'aspect technique, il nous a semblé que l'objet cigare méritait que l'on rendît davantage hommage à son esthétique – incomparable.

Première exigence, donc : donner tout son poids au regard, qui caresse le Havane. C'est ainsi que l'amateur pourra découvrir, du moins dans les pages de présentation des gammes de chaque marque, les cigares en *taille réelle*.

Deuxième exigence : bannir tout jargon technique, afin que le néophyte puisse, autant que l'amateur confirmé, s'y retrouver... On nous pardonnera seulement d'avoir eu recours, dans l'évocation de l'évolution du goût d'un cigare au cours de la combustion, aux termes *foin* pour le premier tiers, *divin* pour le deuxième, *purin* pour le dernier. Ce sont là métaphores courantes entre Havanophiles.

Enfin, rappelons que les appréciations que nous donnons ne sauraient s'entendre que parlant de cigares conservés avec le plus grand soin et, surtout, ayant bénéficié en amont de conditions optimales d'élevage, de maturation et d'acheminement à la qualité.

Et maintenant, laissons-nous pénétrer par les généreux effluves de notre sujet...

Eloge du goût

On ne dit plus « fumer un cigare » mais « déguster un Havane ». C'est là bien davantage qu'une nuance de langage : on peut en effet y percevoir toute l'évolution des amateurs au cours de ces dernières années. De même que l'on a appris à marier les mets et les vins, à choisir soigneusement son cru et son millésime en fonction du repas qu'il devait accompagner – quand ce n'était pas de l'humeur des convives –, on s'apprête à déguster un Havane comme on se prépare à honorer un rituel, longtemps à l'avance, en réfléchissant à ce dont on a réellement envie, au temps dont on dispose, voire au lieu où l'on opérera... Autrement dit, le cigare est devenu affaire de gourmet, c'est-à-dire de curiosité, d'éducation et de bonheur.

Car, comme tous les grands produits de bouche, le Havane fait appel à tous nos sens. La vue, tout d'abord, qui apprécie l'ambre de la cape, sa qualité et sa facture; le toucher, ensuite, qui évalue la souplesse et le moelleux, c'est-à-dire le degré de vie du cigare; l'odorat, bien sûr, qui déchiffre à froid les notes boisées, fruitées ou épicées qui se livreront pleinement tout à l'heure, en combustion; l'ouïe, aussi, qui « savoure » le bruissement de la braise avant d'écouter vivre le cigare... Enfin, et surtout, le goût, plaisir suprême du Havane, et qui fait avec lui l'un de ses plus réjouissants parcours...

De fait, il semble bien que, au fur et à mesure qu'il apprenait à mieux connaître les vins, le gastronome s'aventurait en territoire « havanien », découvrant peu à peu les innombrables richesses de cet univers. Progressivement, son goût s'affina, se diversifia, au point d'opter pour des arômes plus travaillés qu'autrefois, et ce dans toute la gamme des valeurs. De même qu'il avait délaissé les vins lourds, ou simplement très tanniques, il attendait désormais d'un Havane autre chose que la puissance et la chaleur – mais, bien plus encore, il voulait pouvoir changer de goût selon le moment de la journée, la saison, ses propres dispositions... Son palais était devenu ce formidable instrument d'appréciation qui lui permettait de goûter jusqu'aux plus subtiles nuances; il n'était donc plus question qu'il se contente de sensations grossières, ou manquant du moins de complexité.

C'est sans doute là toute l'histoire du goût! La cuisine de nos grands-mères a laissé la place à des gastronomies plus légères et plus raffinées; de même, l'amateur de Havane d'aujourd'hui apprécie d'autres parfums, d'autres saveurs que celui d'hier. S'il penchait auparavant pour les valeurs puissantes, percutantes, qui laissaient des empreintes graves dans l'atmosphère, il va désormais vers davantage de rondeur, d'onctuosité, de confort, préférant les

Le cigare est devenu affaire de gourmet, c'est-à-dire de curiosité, d'éducation et de bonheur.

senteurs boisées et épanouies. Le charme de cet univers réside d'ailleurs dans cette mouvance, dans cette fragilité, qui ne sont jamais que le fidèle reflet du Havane : à l'instar d'un grand cru, un grand cigare est le fruit d'efforts conjugués, d'attentes fébriles, de travail acharné. Produit artisanal, il doit constamment éviter les pièges du climat, du sol... et de l'erreur humaine. On ne programme pas un cigare : on le rêve. C'est à chaque fois un miracle, un miracle certes renouvelé, mais jamais tout à fait sûr. N'est-ce pas ainsi qu'on l'apprécie le mieux, avec émotion et respect?

Voilà ce qui a présidé à l'élaboration de cet ouvrage. En choisissant l'aspect art de vivre, en donnant aussi toute sa place au regard, *L'Univers du Havane* permet de mieux s'initier à la magie du Havane, au cours d'un voyage qui mène de l'architecture générale du cigare aux particularités de son corps, de ses arômes et de ses saveurs, en passant par ses textures, ses coloris – sans parler de l'extraordinaire variété des modules. Dans le souvenir des grands disparus et des grands créateurs, tout un monde s'ouvre ainsi à nous, divers, multiple et aventureux. Un monde de beauté, d'équilibre et de passion.

Bolivar

Bolivar ne connaît assurément pas la notoriété qui devrait être la sienne au regard de sa qualité. Mais les amateurs de la marque en sont aussi les ardents défenseurs, tant il est vrai qu'elle a su, au fil des ans, compléter intelligemment sa gamme – c'est-à-dire offrir une plus grande variété d'arômes et de goûts. Témoin l'onctueux Royal Corona, parfaitement adapté à la sensibilité actuelle.

Cette ligne élaborée, qui comprend des modules très classiques, offre donc, désormais, un choix de saveurs étonnamment large, des plus fines aux plus puissantes. Même si les plus anciens fidèles de Bolivar continuent de préférer les arômes secs et terreux, relevés d'une pointe d'épice, qui ont fait l'image de cette famille.

Les charmeurs : le Coronas Gigantes en cabinet, le Royal Corona, le Petit Coronas, le Belicosos Finos – pour son élégance en bouche –, ainsi que le Coronas Extra – pour sa générosité.

BOLIVAR
HABANA

ROYAL CORONA (robusto)
En contraste avec le reste de la gamme Bolivar, ce robusto généreux développe des arômes pleins, boisés à souhait, mais dénués de toute agressivité. Ses épices relevées achèveront de séduire, d'autant que sa relative subtilité est bien dans l'air du temps.

PETIT CORONAS (petit corona)
D'une rare franchise, ce petit corona s'impose dès les premières bouffées : ses riches valeurs épicées et boisées se livrent de façon très directe, voire instantanee. Sa nervosité ne se dément pas au cours de la combustion, régulière. Pour connaisseurs aimant se faire un peu bousculer.

CORONAS GIGANTES (churchill)
Le churchill se distingue par sa richesse et sa plénitude, et par la complexité de ses arômes onctueux, dans un registre terreux-épicé des plus harmonieux. La douceur de son premier tiers ouvre sur des goûts plus travaillés, puissants et gras.

ESPECIALES (gran panetela)
Ce cigare rarissime exprime en effet des arômes fins et travaillés ouvrant sur des valeurs fraîches et légèrement sucrées, elles-mêmes rehaussées d'épices grasses – le tout dans un registre vanillé-boisé qui ne manque pas de noblesse.

INMENSAS (lonsdale)
Voilà un cigare pour fidèles du Havane à l'ancienne : très puissant et très épicé, il est rude jusqu'à la sévérité, malgré une combustion facile, d'une grande régularité. Un sujet de caractère, réservé aux amateurs (très) avertis.

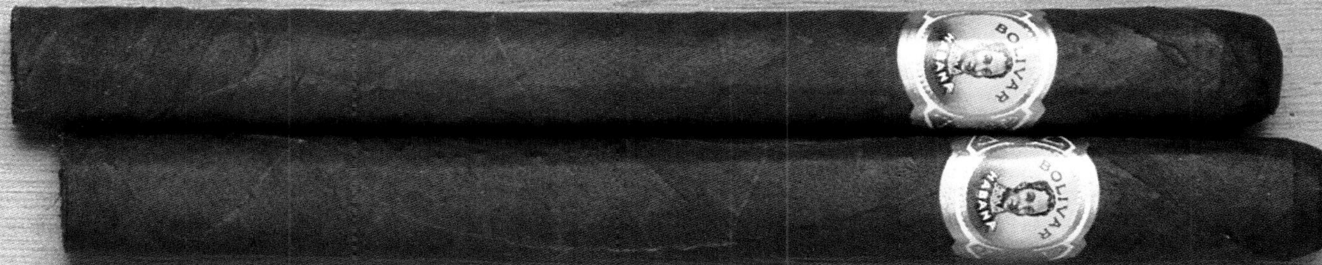

LONSDALES (lonsdale)

Ce Lonsdales est assez singulier. Son parfum très vert donne en effet l'impression d'une maturation non aboutie – d'autant plus qu'il ouvre sur des saveurs terreuses et légèrement pâteuses. De combustion très régulière, il demande à être dégusté par petites volutes.

GOLD MEDAL (lonsdale)

Aujourd'hui considéré comme pièce de collection, et de fait très difficile à trouver, le Gold Medal se distingue par son ampleur et sa richesse aromatique. Ses valeurs terreuses et épicées marquent durablement l'atmosphère, l'inscrivant au chapitre des grands classiques de Bolivar. A n'aborder – si l'occasion en est donnée – qu'en connaissance de cause.

BELICOSOS FINOS (figurado)

Cette petite merveille est d'autant plus appréciée des amateurs de torpedos que sa dégustation est un rien déconcertante : à la fraîcheur des premiers instants succède en effet, dès le deuxième tiers, un bouquet d'une rare complexité – entêtant mélange de fruits et d'épices évoquant les marchés exotiques. Un excellent figurado.

CORONAS EXTRA (gran corona)

Ci-contre : en cabinet.
Au-dessous : en caisson.
Le plus Bolivar des Bolivar... Très corsé, épicé et terreux, ce gran corona à la fois consistant et raffiné exige une longue maturation pour donner toute sa mesure. Sa combustion régulière, mais lente, renforce son côté « musclé », avant un final quasi explosif qui s'accommode parfaitement de mets riches – repas de chasse, cuisine traditionnelle relevée, etc.

Les especiales

Il s'agit, comme leur nom l'indique, de modules spéciaux dont la longueur atteint 23,5-24 cm et plus, et dont le diamètre traditionnel oscille autour de 1,9 cm. Ces Havanes rois sont de superbes réalisations n'ayant en commun que leur rareté et le fait de n'exister qu'en rond. En effet, si d'autres formats apparaissent dans les deux formes – ronde et carrée –, selon qu'ils sont présentés en caisson ou en boîte, ces sujets d'exception, dont la combustion se prolonge souvent au-delà de trois heures, ne s'accommodent que de la rondeur, qui semble jouer un rôle capital tant du point de vue du goût – et de sa persistance – que du moelleux. Pour notre part – mais c'est là un avis tout à fait personnel –, nous ne pensons pas que, dans une boîte, le serrage des cigares les uns contre les autres et le manque d'oxygène qu'il implique puissent affecter en profondeur le goût propre du cigare ; mais sans doute y ajouteraient-ils une pointe incisive, incontestablement dommageable pour un produit de cette qualité. Quelles que soient leurs valeurs de goûts respectives, les especiales trouvent leur point fort dans leur morphologie parfaite, qui permet un début de combustion discret et favorise un lent déploiement des arômes. Une compacité excessive du corps constituerait à cet égard un handicap, qui entraverait le tirage et atténuerait d'autant la rondeur des parfums. Mais, bien façonné et gras à souhait, ce module demeure le compagnon idéal des grands moments et des jours de fête.

De haut en bas :
Fabulosos de Romeo y Julieta.
Sanchos de Sancho Panza,
Diademas Extra de Punch, Montecristo A,
Particulares de Hoyo de Monterrey.

COHIBA
Habana, Cuba
COHIBA
1492

Cohiba

On ne présente plus cette grande famille de cigares au nom mythique, qui a tant fait parler d'elle depuis sa création, à la fin des années 1960. Encensée par les uns, critiquée par d'autres, elle connaît quoi qu'il en soit un succès considérable – qu'on en juge par le nombre exorbitant de contrefaçons dont elle fait l'objet!

Cette jeune marque a donc su trouver son public, même s'il demeure divisé face au choix qu'elle présente. Elle devrait néanmoins encore accroître son emprise avec la Linea 1492, composée des Siglo I, II, III, IV et V. De fait, du très petit corona Siglo I au churchill Esplendidos, Cohiba propose désormais une remarquable variété de goûts riches et travaillés, s'adressant plus spécifiquement aux amateurs confirmés.

Les enchanteurs : l'Esplendidos – aux allures de ténor –, le Robustos – aux accents de baryton – et le Siglo V, véritable diva du Havane.

ROBUSTOS (robusto)
Mélange complexe de girofle et d'arômes boisés et vineux, cet onctueux cigare est un sujet facile dont les goûts riches, confortables et généreux accrochent bien au palais. Ce petit bijou n'a qu'un seul défaut : il lui manque quelques centimètres. Mais c'est aussi ce qui fait son charme, en permettant de le déguster comme un cigare « de compagnie ».

CORONAS ESPECIALES (corona)
Ce délicieux Havane aux parfums fleuris, boisés et doux, se caractérise avant tout par sa fraîcheur. Facile à déguster, il fait un excellent cigare d'initiation pour les néophytes à la recherche d'un goût travaillé.

LANCEROS (gran panetela)
S'il a connu son heure de gloire, ce cigare élégant, dont le parfum floral soutenu annonce une grande richesse de goût, a fini par lasser les amateurs. Il faut dire que sa densité, parfois fatigante, a pu nuire à son charme. Néanmoins, le Lanceros appartient indiscutablement à la catégorie des grands cigares sachant marier l'élégance et le goût.

CORONAS (corona)
La régularité de son parfum, la générosité et la complexité de ses arômes lui ont valu de faire une brève apparition dans le monde de Cohiba. Mais il fut bientôt remplacé par le Siglo III, dont les goûts sont davantage dans la lignée de la maison.

ESPLENDIDOS (churchill)
Considéré comme le père des Cohiba, l'Esplendidos s'est rapidement fait un nom auprès des amateurs de grands formats. Son goût riche et corsé, et ses arômes épicés le classent en effet parmi les plus remarquables sujets de la famille des churchills. Ses parfums gras et onctueux s'adressent principalement aux amateurs avertis. Long en bouche, l'Esplendidos est un excellent cigare du soir, qui accompagne merveilleusement les bons dîners.

EXQUISITOS (panetela)
Ce petit cigare aux goûts mûrs et gras est facile à déguster. Il entre dans la catégorie des Havanes de combustion rapide (environ vingt minutes), plus spécifiquement destinés aux fumeurs occasionnels.

SIGLO V (lonsdale)
Ce beau cigare de ligne très pure rappelle, par son équilibre, les Lonsdales en cabinet de Partagas. Toutefois, son goût riche et épicé offre davantage d'acidité mais moins de boisé que ses cousins. Ses chauds parfums évoquent la terre mouillée. C'est assurément l'un des fleurons du format.

SIGLO I (très petit corona)
Ce petit module est, dans son genre, une très grande réussite : bien dans son époque, il offre une combustion régulière, relativement rapide, qui agrémente tant les courts moments de détente que l'apéritif. Ses arômes riches, légèrement épicés, en font un cigare au goût instantané qui peut plaire aussi aux dames.

SIGLO II (petit corona)
La position de ce Siglo II, pris entre les grands modules de la famille Cohiba et la foule des petits coronas, n'est certes pas facile. Il se tire pourtant fort bien de l'aventure, son goût gras et légèrement épicé, soutenu par des notes boisées, lui conférant un trait exclusif qui le classe indiscutablement parmi les cigares de caractère.

SIGLO IV (gran corona)
Avec ce cigare, on aborde la gamme des grands modules, où excelle la maison Cohiba. Le Siglo IV déploie pour sa part un parfum ambré, aux valeurs musquées, et une belle combinaison de goûts légèrement poivrés qui ne l'empêche pas de demeurer très rond en bouche.

SIGLO III (corona)
Digne successeur du Coronas, ce cigare au goût prononcé, parfaitement dans la ligne Siglo, apparaît comme un Havane classique, mais non capiteux. Sa belle longueur en bouche n'est pas le moindre de ses charmes.

PUNCH
HABANA
MANUEL LOPEZ
PARTAGAS
HABANA
HOYO DE
HABANA

Les doubles coronas

Ce sont – à l'exception des especiales, bien sûr – les plus grands cigares que l'on puisse trouver sur le marché : longs de 19 cm et plus, et d'un diamètre avoisinant 2 cm. Depuis qu'ils ont pris leur véritable envol, dans les années 1970, ils sont considérés comme les empereurs du Havane et font l'objet d'un véritable culte auprès des connaisseurs. Comme toute gamme d'élite, celle des doubles coronas est réduite, ne comprenant que des produits sélectionnés avec le plus grand soin et obéissant à des principes de fabrication très stricts.

Et s'il n'est pas inconcevable que ce groupe restreint s'élargisse un jour – certaines maisons mériteraient d'ores et déjà de rejoindre ce club très fermé –, seuls Partagas, Punch, Hoyo de Monterrey, Saint Luis Rey et Ramon Allones sont pour l'heure en mesure d'inscrire ce module à leur catalogue.

Les doubles coronas sont des cigares d'une exceptionnelle générosité, dont la subtilité un peu froide des premiers instants laisse rapidement place à une convivialité hors du commun. On retiendra particulièrement l'extrême onctuosité du bouquet, où les fleurs se mêlent aux épices, offrant des sensations délicieusement enivrantes.

De haut en bas :
Double Coronas de Punch,
Prominente de Saint Luis Rey,
Lusitanias de Partagas,
Double Coronas de Hoyo de Monterrey,
Coronas Gigantes de Ramon Allones.

La Flor de Cano

De création récente, cette marque a conquis ses lettres de noblesse depuis les années 1980 en proposant d'excellents cigares artisanaux réalisés à partir de matières premières de haute qualité. Parfaitement dans l'air du temps, La Flor de Cano se distingue par ses saveurs douces, faciles – au meilleur sens du terme –, qui ont séduit un large public de jeunes dégustateurs amateurs de Havanes de journée.

Cette petite sélection, des plus séduisantes, a donc sa place dans nos caves. Son seul « défaut » réside dans sa production au compte-gouttes, qui risque d'entraîner un jour sa disparition. Inutile de dire que le monde du Havane se consolerait difficilement d'une telle absence.

DIADEMAS (churchill)
Ce cigare discret, aux arômes doux, s'impose par sa fraîcheur légèrement boisée, qui le rend très accessible et particulièrement agréable à fumer les après-midi d'été. Il reste qu'il lui manquera toujours un petit quelque chose – puissance, intensité, longueur en bouche? – pour passer dans la cour des grands.

CORONAS (petit corona)
Le dernier de la famille La Flor de Cano évoque souvent le souvenir du premier cigare dégusté : doux et régulier, il s'adresse en priorité aux débutants, et, de fait, nombreux sont ceux qui ont accompli avec lui leurs premiers pas en territoire Havane. Contrairement à ce que son nom laisse à penser, le Coronas est un petit corona, dont la ligne équilibrée et la belle rondeur annoncent des arômes boisés et frais. Sa facilité a d'ailleurs conquis plus d'un palais.

GRAN CORONA (gran corona)
Doux et savoureux à la fois, cet agréable cigare ne domine pas par sa puissance, mais par sa souplesse. On notera aussi la régularité de sa combustion, qui déploie des arômes mielleux de manière constante juqu'au final, légèrement souligné, qui donne à l'ensemble une pointe de noblesse.

SHORT CHURCHILLS (robusto)
Ce sympathique petit joufflu se distingue par sa grande générosité, immédiatement perceptible. Un peu nourrissant pour certains, le Short Churchills livre en effet tous ses goûts dès le premier tiers. Sa morphologie, particulièrement adaptée aux amateurs de goûts pleins, et ses arômes mêlés font de lui un excellent robusto, également accessible aux néophytes.

La Gloria Cubana

L'originalité de cette maison réside dans le fait qu'elle a conservé une sélection standard de produits dans des modules totalement différents – ce dont le Médaille d'or N°2 témoigne. En effet, alors que bon nombre de marques sont passées à des formats moyens, La Gloria Cubana n'a pas modifié les siens.

Au fil des ans, cette famille de cigares a regroupé autour d'elle des amateurs en quête de goûts prononcés – sans pour autant être agressifs – et d'arômes généreux qui, toutefois, se démarquent nettement des valeurs épicées de Partagas, avec qui La Gloria Cubana reste étroitement liée.

Les merveilles : le Tainos et La Gloria N°2 – indiscutablement, les pur-sang de cette écurie racée –, et La Gloria N°1, magnifique étalon tout de finesse et de nervosité.

TAINOS (churchill)
Ce vrai churchill est, au sein de La Gloria Cubana, un original : non seulement son goût n'est pas tout à fait dans la ligne de la maison, mais sa présentation en caisson plat de dix pièces lui confère une carte de visite unique. Si ses goûts riches et généreux sont moins corsés que ceux du N°2, ce cigare de belle tenue demeure un magnifique compagnon d'après-dîner, dont la combustion régulière et généreuse révèle tout le gras.

LA GLORIA CUBAN

MÉDAILLE D'OR N°1 (gran panetela)
Cet élégant cigare, légèrement plus fin que ses confrères du module, s'en démarque encore par son excellente combustion – rare dans le format –, qui libère des arômes épicés et boisés. Son goût prononcé, un peu agressif dans le dernier tiers, séduira les amateurs avertis en quête d'un bon sujet de fin de soirée.

MÉDAILLE D'OR N°4 (panetela)
Souvent comparé à un corona, ce cigare se distingue par sa fraîcheur aromatique. Sujet plutôt facile, il libère des arômes fleuris et mielleux d'une grande séduction, y compris auprès des débutants. Bien construit, c'est un excellent Havane de journée, particulièrement à sa place après le café du matin ou à l'heure de l'apéritif.

MÉDAILLE D'OR N°3 (panetela)
Cet élégant sujet est un pur, un panetela de haute lignée. Qui plus est, et contrairement à ce que l'on pourrait redouter, sa finesse et sa longueur n'entravent pas sa combustion, régulière de bout en bout. L'arôme capiteux se développe sur les deux premiers tiers, ouvrant sur un final concentré. Souvent conseillé aux dames, le Médaille d'or N°3 convient également aux amateurs de cigares d'apéritif.

MÉDAILLE D'OR N°2 (churchill)
Présenté en caisson verni identique à celui du 8-9-8 de Partagas, le Médaille d'or N°2 s'en distingue nettement par son riche parfum de cacao. Autre point commun, pourtant : la disposition en trois couches (8-9-8), qui libère les arômes aussi bien que le cabinet. Ce dont on ne peut que se louer, en l'occurrence, puisque les notes déployées en bouche sont riches et grasses, le goût boisé et légèrement épicé imprégnant le palais à la perfection – et avec une belle homogénéité. Ni agressif ni nerveux, ce churchill s'inscrit dans la grande tradition du Havane.

Les churchills

Winston Churchill est assurément l'une des grandes figures du Havane, lui qui, dit-on, ne se séparait jamais de son cigare : il méritait bien qu'on lui rendît hommage en donnant son nom à son module de prédilection. Ce format bien équilibré – traditionnellement 17 cm et plus de long pour un diamètre de 1,7 à 1,9 cm – fut longtemps l'apanage d'un nombre très restreint de marques ; mais, peu à peu, on a vu apparaître sur le marché un éventail de churchills remarquablement nuancé, allant des parfums les plus doux jusqu'aux arômes les plus puissants. Il reste que ce cigare imposant par sa taille et son diamètre n'est pas à la portée de tout le monde, même si sa panoplie de goûts en fait le compagnon idéal des mets les plus divers – sans compter qu'il est aussi un excellent partenaire de travail. De fait, le churchill a un charme tout particulier : bien en main, d'une ligne très masculine, il séduit dès l'abord, avant même d'être dégusté. Une douzaine de maisons proposent ce module, le carré d'as étant constitué de Hoyo de Monterrey, Partagas, Punch et Romeo y Julieta, trois types de churchills très différents. Mais on ne saurait oublier Bolivar, Cohiba, La Flor de Cano, La Gloria Cubana, Quai d'Orsay, El Rey del Mundo, Saint Luis Rey et Sancho Panza.

A gauche :
Coronas Gigantes de Bolivar,
Churchills de Saint Luis Rey,
Churchills de Hoyo de Monterrey,
Esplendidos de Cohiba,
Sir Winston de H. Upmann,
Monarchs de H. Upmann (tube aluminium),
Diademas de La Flor de Cano.

A droite :
Coronas Gigantes de Sancho Panza,
Tainos de El Rey del Mundo,
Prince of Wales de Romeo y Julieta,
Churchills de Luxe de Partagas,
Tainos de La Gloria Cubana,
Churchills de Romeo y Julieta,
Monarchs de H. Upmann,
Churchills de Punch.

SANCHO PANZA
HABANA
PARTAGAS
HABANA
SELECTED
TOBACCO
ROMEO
CHURC
PUNCH
HABANA

Hoyo de Monterrey

L'histoire de cette famille pourrait se résumer à celle d'un beau tabac croisant une belle *fabrica* – rencontre qui donna naissance à de merveilleux cigares, dont le secret du mélange est jalousement gardé par les artisans de cette réussite. La spécificité de cette marque est en effet de proposer des saveurs douces et aromatiques, les parfums sucrés se mêlant aux ambiances florales dans un choix très complet, homogène, qui trouve son registre de palais dans des goûts sans épices prononcées. Nombreux sont les amateurs qui commencèrent avec Hoyo de Monterrey pour son côté « facile », pour ses goûts frais, sa combustion régulière – Épicure n°2 et Short Coronas –, avant de découvrir des valeurs plus prononcées – avec, par exemple, le Hoyo des Dieux.

La série des **Hoyo**, créée dans les années 1960, et qui, après vingt ans, a fidélisé son public, vient en complément de la gamme Hoyo de Monterrey. Outre le gran corona Le Hoyo des Dieux, elle comprend le corona Le Hoyo du Roi, le petit corona Le Hoyo du Prince, le panetela Le Hoyo du Gourmet et le très petit corona Le Hoyo du Député.

CHURCHILLS (churchill)
Ses parfums onctueux, à la fois gras et frais, sont pour beaucoup dans sa subtilité. Son évolution lente mais généreuse tapisse parfaitement le palais, laissant un délicie arrière-goût légèrement salé. Un grand monsieur du modul churchill.

DOUBLE CORONAS (double corona)
Considéré comme l'un des plus doux du format, ce double coròna séduit en premier lieu par ses parfums soutenus de vanille et de miel. Compagnon des grandes tables, et particulièrement d'une nouvelle cuisine raffinée, ce Havane de belle tenue est mis en valeur par la qualité des mets et des vins qui le précèdent. Son roulement de volutes régulières permet de garder constamment sa douceur en palais et de profiter pleinement de son équilibre de goût, quasiment identique du début à la fin.

PARTICULARES (especial)
Très fin de goût et étonnamment discret pour sa taille, le Particulares s'impose comme le plus accessible des especiales. Sa saveur se forge au fil des tiers, qui soulignent en se consumant tant l'enrichissement des arômes que leur remarquable constance. D'un abord trompeur – son parfum mat, un peu poussiéreux, manque de personnalité –, ce grand format offre au palais d'agréables valeurs fraîches qui le destinent en priorité aux belles soirées d'été.

ÉPICURE N°1 (gran corona)
Sorti de l'anonymat dans les années 1980, cet Épicure s'est peu à peu imposé par sa fraîcheur et sa facilité, son bouquet fruité et mielleux ne manquant pas non plus de charme. Agréable cigare de journée, il accompagne particulièrement bien les moments de réflexion ou de méditation. Attention, toutefois : sa combustion généreuse et parfaitement régulière peut entraîner le fumeur distrait à oublier de tirer sur son cigare...

SHORT CORONAS (petit corona)
Ce petit sujet de caractère constitue le complément parfait de la grande ligne du module. Son accès facile, entre miel et fleurs, met en valeur ses notes boisées. Sans épices, il se distingue par sa rondeur d'arôme et de goût. Un aimable compère, en somme!

ÉPICURE N°2 (robusto)
Ce sympathique petit bonhomme offrit à nombre de débutants l'occasion de déguster leur premier robusto. Son bouquet floral, relevé d'une pointe de pain d'épice, ouvre sur des notes fraîches et sèches assez inattendues, mais fort agréables. Un peu court pour l'après-déjeuner, il sera idéal, en revanche, pour un moment de promenade en forêt.

LE HOYO DU ROI (corona)
Ce vrai corona aux allures strictes est un cigare de l'ombre. Très homogène, il est plus terreux que ses confrères de module. Son goût nerveux, agrémenté d'une pointe d'acidité, séduit les amateurs un peu rétro, nostalgiques du « vrai goût » Havane. Sa combustion régulière en fait quoi qu'il en soit un excellent cigare d'après-déjeuner.

LE HOYO DU GOURMET (panetela)
Sa combustion régulière n'est pas le moindre atout de ce cigare élancé, dont les arômes doux, un peu lointains, deviennent plus généreux une fois le divin entamé. S'il ne s'agit pas, à proprement parler, d'un sujet facile, on peut néanmoins le conseiller aux amateurs avertis de formats fins en quête d'un cigare de journée qui ne soit pas trop serré.

LE HOYO DU DÉPUTÉ (très petit corona) (ci-contre)
Ce petit malin aux goûts généreux se déguste aisément à tout moment du jour et de la nuit. De combustion rapide, il libère des arômes discrets, légèrement mielleux, avant de se révéler assez nerveux au palais, dans le registre floral-acidulé.

LE HOYO DES DIEUX (gran corona)
S'il est identifié comme un gran corona, Le Hoyo des Dieux est en fait un format intermédiaire entre ce module et le lonsdale. Pièce charnière de la gamme, il séduit par sa richesse et sa profondeur de goût, que viennent rehausser d'agréables notes fleuries. Un charme qui lui vaut d'être apprécié quasi universellement.

LE HOYO DU PRINCE (petit corona)
Légèrement plus fin que la moyenne des petits coronas, Le Hoyo du Prince est un excellent cigare de journée, aussi à l'aise le matin qu'à l'apéritif ou pour accompagner un déjeuner rapide. Ses parfums souples, un peu acidulés, courent sur des saveurs délicatement poivrées qui ne marquent pas le palais. Son oxygénation, remarquable au regard de sa taille, achève d'en faire un des favoris du module.

Les lonsdales

Ce module de belle taille – environ 15 cm de long pour un diamètre de 1,6-1,7 cm – doit son nom à un aristocrate anglais, lord Lonsdale, qui faisait fabriquer à son nom une sélection de cigares de ce format. La maison Rafael Gonzalez fit même longtemps figurer le portrait dudit lord à l'intérieur de ses caissons... La particularité de ces cigares est... de n'en pas avoir en matière de goût. La gamme offre en effet une extraordinaire variété d'arômes et de saveurs, des plus légers – El Rey del Mundo – aux plus puissants, chez Partagas, cette dernière marque s'offrant même le luxe de proposer deux cigares dans ce module, le Partagas de Partagas N°1 et le Lonsdales. Le format lonsdale – dont la réputation s'est faite avec le Montecristo N°1, aujourd'hui connu dans le monde entier – convient particulièrement aux amateurs de style anglais, qui en apprécient l'élégance et la discrétion. Notons enfin que la présentation en cabinet est rare, et que la plupart des marques utilisent le caisson traditionnel.

A gauche :
Lonsdales de Bolivar,
Gold Medal de Bolivar,
Lonsdales de Partagas,
Montecristo N°1,
Partagas de Partagas N°1,
Lonsdales de Saint Luis Rey.

A droite :
Siglo V de Cohiba,
Cedros de Luxe N°1 de Romeo y Julieta,
Molinos de Sancho Panza,
Lonsdales de El Rey del Mundo,
Lonsdales de Rafael Gonzalez.

OHIBA
Habana, Cuba
CEDROS
DE LUXE NO. 1
BOLIVAR
HABANA
SANCHO PANZA
HABANA
CUBA
EL REY DEL MUNDO
HABANA
HABANA

H. Upmann

Si H. Upmann semble parfois passer au second plan, il ne faut pas oublier que, sans cette maison, une part importante de l'histoire du cigare cubain eût sans doute été différente. Créée par une famille anglaise au cours du siècle dernier, elle fut longtemps le phare de la production cubaine, donnant par ailleurs naissance aux premiers Montecristo. C'est pourquoi l'on ne saurait parler du cigare sans évoquer quelques-unes des plus belles réalisations de H. Upmann, dont la noblesse se retrouve dans les vignettes qui ornent ses caissons.

Si la production actuelle de la marque développe des goûts plus puissants, plus corsés et plus terreux qu'ils ne l'étaient autrefois, c'est précisément ce côté « brut distingué » qui séduit les fidèles. Il reste qu'il s'agit là de cigares destinés à des fumeurs avertis, attachés à la grande tradition du Havane.

Les magnifiques : le majestueux Sir Winston et l'entreprenant Monarchs – deux churchills très différents –, et le Connoisseur N°1, un robusto étonnamment facile.

CRYSTALES
CLARO
CIGARS
DE
H. UPMANN

CONNOISSEUR N°1 (robusto)
Ce robusto jovial est un marginal chez H. Upmann : facile à déguster, il déploie des arômes discrets, vaguement herbacés, et un goût frais et léger. Sa combustion généreuse accentue son charme, qui réside avant tout dans sa simplicité. Il appartient à cette génération de cigares accessibles tant aux amateurs avertis qu'aux débutants voulant s'initier à ce format.

SIR WINSTON (churchill)
Ce beau cigare est le seul churchill présenté en coffret verni. Ses arômes pleins et riches se trouvent fort bien de sa largeur, qui favorise leur totale libération. Sa bonne combustion, qui permet de conserver un rythme de goût soutenu, n'est pas sans évoquer celle d'un double corona. Mais l'atout majeur de ce puissant gentleman est son divin, corsé et velouté à la fois. Un churchill de qualité, bien travaillé et rond, qui excelle dans l'accompagnement des plats riches et des grands vins tanniques.

MAGNUM 46
(gran corona)
Sa diffusion étant très limitée, ce gran corona au goût fin et ample n'est quasiment pas connu du grand public. C'est regrettable, car sa combustion rapide – environ soixante minutes – se caractérise par une véritable explosion aromatique entre les deuxième et troisième tiers.

CRYSTALES (corona)

Si cet agréable cigare est indiscutablement appelé à rester dans les mémoires, c'est moins pour la douceur des ses arômes et la légèreté de son parfum de sous-bois discrètement fleuri que pour la beauté de sa présentation : le Crystales de H. Upmann est en effet le dernier Havane encore présenté en jarre de verre. De fait, et quoiqu'il ne manque pas d'attrait, ses amoureux sont essentiellement des collectionneurs en quête du précieux contenant – généralement déniché vide, chez un brocanteur...

UPMANN N°2 (figurado)

A l'exception des churchills, un grand nombre des modules H. Upmann sont comparables aux Montecristo. Cela dit, si ces cigares sont tous issus de la même fabrique, ils n'en conservent pas moins leurs mélanges distinctifs. C'est le cas de ce torpedo qu'est le N°2. Puissant à souhait, il s'épanouit pleinement dans son troisième tiers, au final ample. On l'appréciera après un solide repas – un pot-au-feu à l'ancienne, par exemple –, lui qui incarne si bien le retour au goût rustique.

MONARCHS (churchill)

Si son format est identique à celui du Sir Winston, il s'en distingue profondément par son côté percutant et généreux. Présenté avec ou sans tube d'aluminium (il est alors plus riche en saveur et plus aromatique), il se montre avant tout entreprenant, mais sans la personnalité de son glorieux aîné. Son style prometteur plaide pour une dégustation en extérieur, par température fraîche – par exemple lors d'une promenade dans les bois, après un bon déjeuner.

SUPER CORONA
(gran corona)

Un beau cigare, raffiné et aromatique, protégé par une feuille de cèdre. Ses saveurs douces s'accommodent parfaitement de sa généreuse combustion, qui libère en quelque soixante minutes des notes subtiles et complexes ouvrant sur un final très Havane. Avis aux amateurs de raretés : commercialisé en toutes petites quantités, le Super Corona est très difficile à trouver.

Juan Lopez

Cette maison ancienne propose une gamme de cinq modules faits main – ce qui est toujours un gage de qualité. Discrète, mais très bien implantée parmi les amateurs de Havane, la marque fut remise au goût du jour dans les années 1980 avec un gran corona et un robusto qui lui permirent de retrouver les faveurs du public, voire de faire connaître son goût – très spécifique – à un grand nombre d'amateurs.

Fabriqués à partir de mélanges très doux, les cigares Juan Lopez sont légers, agréablement aromatisés, donc accessibles même aux débutants.

SELECCIÓN N°1
(gran corona)
Ce très beau sujet convient parfaitement à la nouvelle génération d'amateurs de Havanes, en quête de cigares aromatiques et relativement légers. Ses parfums ronds et boisés font sa spécificité au sein de cette maison. Mais ce qui le distingue avant tout, ce sont sa très subtile palette de goûts, toujours dans le même registre boisé, et son gras. Un cigare riche et onctueux, très « colonial », qui accompagne aussi bien un déjeuner qu'un dîner.

CORONAS (corona)
Discret et distingué, ce corona nous ramène aux sources de Juan Lopez. Son beau parfum de cuir évoque en effet les goûts traditionnels, les épices se déployant sur le troisième tiers. Sa combustion homogène et douce ajoute aux attraits de ce séducteur frais, qui n'agresse jamais le palais.

PANETELA SUPERBA (panetela)
Dernier arrivé au sein de la famille Juan Lopez, le Panetela Superba est un cigare doux qui peut convenir aux néophytes. Sa combustion lente produit de petites volutes qui l'imposent comme un sujet facile.

PATRICIAS (très petit corona)
Déconcertant de facilité, ce très petit corona s'adresse avant tout aux débutants. Ses parfums légèrement verts ouvrent sur un bouquet fleuri assez discret. Son charme réside principalement dans son absence d'arrogance en bouche – trait qui en fait un compagnon tout trouvé du café du matin.

SELECCIÓN N°2 (robusto)
Ce sympathique robusto fera le bonheur des fidèles du module recherchant les cigares onctueux, dénués d'agressivité. Exhalant une multitude de parfums boisés et exotiques, il offre un bouquet fleuri, très aromatique. Extrêmement confortable en bouche et sans complexité, c'est le complice des bons moments de la journée.

PETIT CORONAS (petit corona)
Ce petit monsieur jovial travaille dans le charme, la fraîcheur et la légèreté. Son joli bouquet délicatement fruité ouvre sur des notes plus sucrées, faciles, qui devraient apprivoiser les débutants. Dénué de nervosité, il bénéficie de plus d'une combustion régulière qui convient à tout moment de la journée.

Les gran coronas

Pièce maîtresse sur l'échiquier du Havane, le gran corona, dont le rapport taille/diamètre (14-15 cm pour 1,6 à 1,9 cm) est un modèle d'équilibre, a su trouver son public auprès des amateurs de format mi-corona, mi-robusto. Succès d'autant mieux assuré que ce module existe dans une gamme d'arômes et de goûts d'une exceptionnelle variété – la maison Punch étant à cet égard la plus riche, avec une large sélection allant du plus doux au plus corsé. En général, le format offre une bonne combustion, son tirage régulier en faisant un cigare très « fonctionnel ». Cette valeur sûre procure indiscutablement des sensations que le corona et le robusto ne sauraient produire.

A gauche :
Siglo IV de Cohiba,
Super Coronas de H. Upmann,
8-9-8 Cabinet Sélection de Partagas,
Série A de Saint Luis Rey,
Gran Coronas de El Rey del Mundo.

A droite :
Punch–Punch de Luxe,
Coronas Extra de Rafael Gonzalez,
Grand Coronas de Quai d'Orsay,
Exhibición N°3 de Romeo y Julieta,
Coronas Extra de Bolivar.

PUNCH
HABANA
QUAI D'ORSAY
BOLIVAR

Montecristo

Cette grande marque, dont la renommée est depuis longtemps internationale, vit le jour en 1935 sous les auspices de MM. García et Menéndez – ce dernier étant propriétaire de la maison H. Upmann. On raconte même qu'à leurs débuts ces cigares ne furent guère appréciés des amateurs, qui leur préféraient la gamme H. Upmann, plus prestigieuse. Les années qui suivirent prouvèrent néanmoins toutes les qualités de Montecristo, qui devint dès lors une marque incontournable.

La gamme proposée apparaît en effet comme l'une des plus riches et des plus intelligentes qui se puissent trouver : cette maison quasi mythique doit incontestablement son immense succès à sa remarquable ouverture et au bel équilibre du choix avancé.

Prix d'excellence : le A – un especial très « masculin » – et le N°2 – un torpedo corsé et très puissant.

MONTECRISTO N°5 (très petit corona)
Très discret dans le registre floral, ce cigare modéré peut être consommé à toute heure de la journée.

MONTECRISTO N°4 (petit corona)
Disputant au N°3 le titre de Havane le plus vendu au monde, le N°4 n'a rien à lui envier. Sans commentaires.

ESPECIALES N°2 (corona)
Cet onctueux cigare a toujours été apprécié pour sa douceur. Son élégante discrétion ne l'empêche pas de se révéler boisé et épicé sur le dernier tiers, sa rondeur demeurant constante au cours de la dégustation. Jamais corrosif, c'est un corona facile et aromatique.

MONTECRISTO « B » (petit corona)
Ce superbe petit corona, présenté dans un coffret à l'ancienne, est aujourd'hui considéré comme une pièce de collection. Son parfum boisé et mielleux, qui évoque irrésistiblement les îles, ouvre sur un goût très aromatique, frais et léger, que vient rehausser une pointe de caramel teintée d'exotisme. Un cigare attachant, et qui ne manque pas de noblesse.

MONTECRISTO N°3 (corona)
Que ce cigare compte parmi les plus massivement produits explique sans doute son grand succès commercial. Sans autres commentaires.

MONTECRISTO N°1 (lonsdale)
Le Montecristo N°1 a pour lui l'attrait du classicisme. Aussi les amateurs de Havanes sans surprise l'ont-ils depuis longtemps adopté. Dépourvu de folie, il est de combustion régulière et n'agresse pas le palais.

MONTECRISTO « A » (especial)
Cet empereur est sans conteste l'une des plus belles réalisations de Montecristo. Ses arômes riches et très présents – d'abord mats et terreux, puis de plus en plus concentrés, voire enivrants sur le dernier tiers – ouvrent sur des goûts étoffés, très épicés, qui n'apparaissent pas dès les premières volutes, mais se font très prégnants sur le divin. Un répertoire de premier ordre pour ce grand classique, dont la puissance et le gras s'adressent en priorité aux amateurs avertis.

ESPECIALES (gran panetela)
Pour ce qui est de l'esthétique, l'Especiales peut aisément concourir pour le titre de cigare le plus élégant. Sa forme même, très élancée, et sa tête « twistée » accentuent sa puissance et lui confèrent une certaine nervosité. Son goût prononcé et sa lente combustion séduiront les amateurs de Havanes un peu bourrus, mais mondains.

MONTECRISTO N°2 (figurado)
Quand il est de qualité, le N°2 n'est pas seulement bon, il est exceptionnel... C'est pourquoi, sans doute, ses détracteurs comme ses fervents s'accordent à classer ce torpedo parmi les grands sujets de caractère, tout de générosité. Ses goûts riches et corsés lui confèrent de fait un style incomparable, avec un troisième tiers puissant qui tapisse le palais d'arômes épicés et gras. Pour amateurs avertis exclusivement!

SANCHO PANZA
HABANA
CUBA
JUAN LOPEZ
HABANA
RAMON ALLONES
HABANA
PUNCH
HABANA
MONTECRISTO
HABANA
CEDROS
DE LUXE NO. 2
ROMEO Y JULIETA
HABANA
PARTAGAS
HABANA
Habana, Cuba

Les coronas

Avec une longueur moyenne de 14-15 cm et un diamètre courant de 1,5 à 1,7 cm, le corona s'impose comme le module idéalement équilibré. C'est sans doute ce qui explique qu'il soit aujourd'hui le plus répandu, et que son succès se confirme dans toutes les marques, des plus discrètes au plus renommées.

De fait, le corona est un format très agréable, son excellente tenue en bouche et sa régularité de combustion contribuant à en faire un compagnon de choix tant dans la journée qu'en fin de repas : facile à manier, il procure en effet de soixante à soixante-quinze minutes de plaisir égal, la progression des trois tiers restant très homogène.

A gauche :
Coronas de Sancho Panza,
Coronas de Juan Lopez,
8-9-8 Cabinet Selection de Ramon Allones,
Crystales de H. Upmann,
Coronas de Saint Luis Rey,
Cedros de Luxe N°2 de Romeo y Julieta,
Coronas de Partagas.

A droite :
Coronas de Romeo y Julieta,
Coronas de Ramon Allones,
Coronas de Punch,
Montecristo N°3,
Coronas de Quai d'Orsay,
Siglo III de Cohiba.

Partagas

Il s'agit là d'une des marques les plus riches et les plus complètes. Comparable en cela à Punch ou à Hoyo de Monterrey, elle offre une vaste gamme, dans laquelle nous avons sélectionné les éléments les plus dignes d'éloges.

Partagas a bâti sa réputation sur deux piliers : une grande variété de choix – du très petit corona au double corona – et un goût particulier, très prononcé. Les arômes épicés, puissants, sont perceptibles dès l'entrée en matière, soutenant des saveurs boisées, parfois pointues, ou plus grasses – le tout offrant à l'amateur un éventail exceptionnel. En tout état de cause, Partagas demeure le parfait complice des cuisines généreuses.

Les becs fins : la Série du Connaisseur (N°s 1,2,3) – pour chaque moment de la journée –, le 8-9-8 Cabinet Sélection Varnished – un grand classique avec les cuisines rustiques –, le Lusitanias – plus adapté aux mets élaborés et aux goûts relevés –, le Shorts - un excellent petit corona, idéal à l'apéritif – et le Lonsdales en cabinet – merveilleux complice des plats de poisson.

REPUBLICA
HABANA
FINA
FLOR
Nº 520
CIGARROS PUROS
FLOR DE TABACOS DE PARTAGAS Y CA.

CHURCHILLS DE LUXE
(churchill)
Ce fonceur est de la lignée des puissants. Racé, presque sévère, il développe des arômes épicés et terreux qui l'imposent comme un sujet un peu rude, s'adressant aux amateurs en quête de présence. Son côté terroir s'accommode parfaitement des plats de gibier et des alcools forts.

SÉRIE
DU CONNAISSEUR N°2
(corona)
Plus fin et plus long que les « vrais » coronas, ce N°2 est l'un des favoris de la nouvelle génération d'amateurs, séduite par ses allures de panetela. Très riche en goût et en arôme, il charme par ses parfums boisés et légèrement épicés, voire fruités, qu'une combustion étonnamment facile permet de savourer pleinement.

PARTAGAS
DE PARTAGAS
N°1 (lonsdale)
De facture classique, ce Partagas tannique et distant n'a, hormis la taille, que peu à voir avec le Lonsdales en cabinet : d'abord assez discret, il met un certain temps à imprégner le palais, mais, dès le deuxième tiers, ses arômes épicés le révèlent comme l'un des derniers représentants du Havane ancienne manière. Pour amateurs avertis recherchant les valeurs corsées.

SÉRIE
DU CONNAISSEUR N°3
(petit corona)
Ce petit instantané de Havane s'impose par sa fraîcheur subtilement boisée, qui plaît aux jeunes palais, amateurs de petites volutes rondes. Indiscutablementsympathique, il constitue une excellente initiation à l'univers Partagas, y compris pour les dames, qui en apprécient l'élégance atypique (14,2 cm de long). Particulièrement à son aise en milieu de matinée ou à l'apéritif.

SHORTS (très petit corona)
Dans ce module, le Shorts n'a pas son pareil. Tout en vanille et en sucre, il dégage des volutes généreuses, laissant en bouche des arômes d'épices et de cacahuète salée. Assurément, l'un des meilleurs très petits coronas, bien accueilli par les dames et par les néophytes, que sa fraîcheur et son onctuosité séduisent.

SÉRIE D N°4 (robusto)
Digne successeur de son grand aîné, le Série D N°2 – un gran corona au diamètre de churchill, aujourd'hui classé au registre des oubliés –, ce robusto a connu son heure de gloire dans les années 1980, avec la vogue du format. Il faut dire que le monsieur a du répondant : puissant, rapide, il libère énormément d'arôme, dans des notes boisées et épicées très séduisantes. Riche et très présent, il se révèle étonnamment nourrissant pour ce module. Un cigare de connaisseur.

SÉRIE DU CONNAISSEUR N°1 (gran panetela)
Figurant au nombre des dernières créations de Partagas, ce N°1 ne manque ni d'élégance ni de puissance. D'une esthétique irréprochable, il s'affirme dans un registre corsé, pénétrant, avec un final tout en puissance. Riche et concentré, il se consume lentement, mais de façon très homogène. A n'aborder, toutefois, qu'avec précaution.

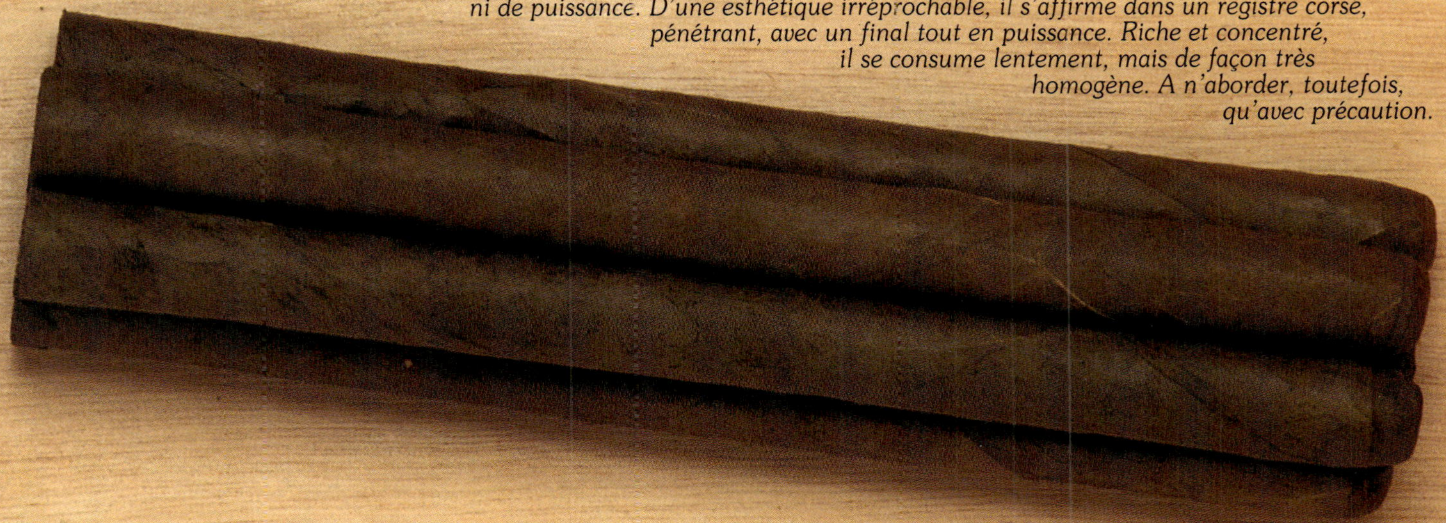

8-9-8 CABINET SÉLECTION (gran corona)
Disons-le tout net : le grand malheur de ce cigare est d'avoir toujours vécu dans l'ombre de son glorieux aîné, le Varnished. Pourtant, si l'on consent à le déguster selon ses critères propres, ce gran corona se révèle tout à fait respectable. De combustion facile, il fera la joie des amateurs de Havanes discrets marqués de notes légèrement épicées.

8-9-8 CABINET SÉLECTION VARNISHED (churchill)
C'est sa présentation – désormais célèbre – en trois couches de 8, 9 et 8 pièces qui lui a valu ce nom curieux. Mais c'est avant tout à sa richesse de goût et à sa puissance aromatique – merveilleuses notes de cacao – que ce churchill capiteux doit sa réputation auprès des connaisseurs. Si les puristes le considèrent comme un peu fin pour le format, les plus réticents s'avouent comblés par la générosité de ses épices. Très puissant, il s'adresse exclusivement aux amateurs avertis, que ses valeurs corsées ne désarçonneront pas.

LUSITANIAS
(double corona)
On entre là dans le saint des saints du Havane. Ce superbe cigare – l'un des plus riches et des plus généreux du module – marque en effet par la présence de son magnifique bouquet de fruit mûr, qui ouvre sur des saveurs ambrées évoluant très progressivement vers des notes exotiques plus épicées. Sa rondeur et son fruité tempérant sa puissance et ses tannins, il ne fatigue jamais le palais. Un sujet d'exception, au charme irrésistible, destiné aux connaisseurs.

PETIT CORONA
(petit corona)
Discret de prime abord, mais généreux de goût, ce petit corona un peu nerveux s'adresse avant tout aux amateurs de cigares corsés ne brillant pas par leur subtilité. C'est le cigare des hommes de terrain, qui apprécient ses vagues successives, aux confins de l'agressivité. Pour Havanophiles avertis exclusivement.

CORONAS (corona)
Un grand classique de la maison et du module : le Coronas s'est en effet imposé par sa richesse et sa noblesse. Fin et racé, il dégage des arômes boisés, aux belles notes de miel; son goût subtilement épicé ne manque pas non plus de charme. Des valeurs pures, dont une combustion lente, mais très régulière, livre la plénitude.

LONSDALES (lonsdale)
Sa race et son ampleur le posent comme le concurrent direct du Punch Super Selection N°1 : c'est dire la qualité de ce cigare aux parfums chocolatés, dont la longueur en bouche révèle le raffinement corsé. Très présent et très aromatique, il rassasie sans fatiguer. Son style unique, tout en noblesse, a permis à Partagas de faire ses preuves dans un registre où il n'excellait pas : celui de la classe et du raffinement. (Difficile à trouver.)

Les robustos

Ce n'est que récemment — dans les années 1980-1990 – que ce format a obtenu ses lettres de noblesse, et ce avec son apparition au catalogue de marques telles que Cohiba, Juan Lopez, La Flor de Cano et Hoyo de Monterrey. En effet, si le module existait depuis longtemps déjà chez Partagas, Ramon Allones et El Rey del Mundo, qui en furent véritablement les piliers, il était regardé avec défiance en raison de son prétendu manque d'élégance et de la « rusticité » de ses arômes pleins, mais peu recherchés. L'explosion actuelle de ce « petit joufflu » – 12 cm et plus de long pour un diamètre approchant 2 cm – correspond parfaitement à l'évolution des goûts vers plus de générosité, tant dans la puissance que dans le caractère aromatique ou épicé. Mais, surtout, il est bien dans l'époque, qui ne saurait plus consacrer de longues heures à la dégustation d'un cigare et exige au contraire une satisfaction quasi instantanée des attentes. En bref, le robusto propose un bel équilibre épicurien entre durée de combustion et richesse des saveurs, la taille passant en l'occurrence au second plan. Et ce n'est que justice si cet ancien mal-aimé, grand innovateur du goût plein et immédiat, qui a permis à beaucoup d'envisager le cigare sous un angle nouveau, connaît enfin la gloire.

A gauche :
Royal Corona de Bolivar,
Exhibición N°4 de Romeo y Julieta,
Regios de Saint Luis Rey,
Choix Suprême de El Rey del Mundo.

A droite :
Specially Selected de Ramon Allones,
Robustos de Cohiba,
Série D N°4 de Partagas.

BOLIVAR
HABANA
RAMON ALLONES
HABANA
COHIBA
La Habana
SAINT LUIS REY
HABANA
SERIE D
HABANA
PUNCH

PUNCH
RE
HABANA
MANUEL LOPEZ

Punch

P comme princier, U comme unique, N comme noble, C comme charmeur, H comme Havane... A lui seul, le nom de cette maison est une véritable signature en anagramme de ses qualités rares.

Cette grande famille se distingue à la fois par la haute tenue de sa production et par l'exceptionnelle étendue de sa gamme, qui va de l'especial au très petit corona, le tout conjuguant les arômes de terroir, plus ou moins fruités ou boisés selon les modules.

Les joyaux : le Double Coronas, les Super Selection N°1 et N°2, et le Royal Selection N°12 – pièces maîtresses du diadème Punch.

BLACK PRINCE
(gran corona)
Tout en discrétion et en douceur, ce Prince Noir compense des notes terreuses par des arômes délicatement poivrés qui lui confèrent un charme très particulier. Un cigare séduisant.

ROYAL SELECTION N°11
(gran corona)
Succédant à un premier tiers très frais, des saveurs fruitées et mielleuses sur fond légèrement épicé donnent tout son cœur à ce savoureux cigare, parmi les plus subtils des gran coronas. Un sujet rond, convivial en diable, auquel son remarquable équilibre taille/diamètre confère une indéniable distinction. Un grand classique de la marque, exclusivement présenté en cabinet.

ROYAL SELECTION N°12
(petit corona)
Sans cette petite merveille, l'univers des petits coronas en eût été changé... Bénéficiant d'une architecture parfaite, le Royal Selection N°12 libère en effet une grande richesse d'arômes boisés tout au long d'une combustion régulière. A la fois direct et moelleux, il offre un bouquet floral onctueux saupoudré d'une fine poussière légèrement poivrée. Il n'a cessé de s'améliorer au cours de ces cinq dernières années.

NINFAS
(panetela)
Elégant et bien construit, le Ninfas bénéficie d'une combustion régulière qui livre de manière constante des arômes terreux et mats. Un peu monotone, il constitue néanmoins un excellent cigare d'initiation au module.

DOUBLE CORONAS (double corona)
Ce beau cigare est l'un des grands doubles coronas. Ses arômes boisés, épicés et terreux ouvrent sur des valeurs très marquées, mais jamais agressives, où le miel accompagne la superbe montée en puissance du goût – particulièrement sensible à partir du deuxième tiers. Ce n'est certes pas un cigare de débutant, mais, quand la maturation et l'élevage sont à la hauteur de son potentiel, il est vraiment magnifique.

MONARCAS (churchill)
Ce sujet imposant – le seul Punch présenté en tube qui soit fait à la main – est aussi le plus doux des grand modules de la maison. La discrétion de ses parfums délicatement épicés évoque la fraîcheur printanière, ouvrant sur un goût rond, bien équilibré et constant, de terre et de miel – un confort souligné par la lenteur de la combustion. Un excellent cigare de soirée d'été (difficile à trouver).

SUPER SELECTION N°1 (lonsdale)
A mi-chemin entre le lonsdale et le gran corona, ce superbe cigare est un sujet de race, dont les goûts travaillés et ronds « moulent » merveilleusement le palais. Épicé, boisé, légèrement mielleux et étonnamment équilibré, son bouquet s'épanouit jusqu'à devenir capiteux, presque enivrant. Pour amateurs avertis exclusivement.

DIADEMAS EXTRA (especial)
Présenté en plumier individuel, ce Havane de grande allure ne manque ni de noblesse ni d'élégance. Voilà pourquoi, sans doute, il règne en seigneur sur la famille Punch. Il faut dire que la douceur de ses arômes mielleux et boisés ne se dément jamais au cours d'une combustion idéale qui évolue en un magnifique crescendo, offrant un long moment de plaisir intense.
A ne pas confondre avec la génération précédente de Diademas, fabriquée dans un format figurado de 24 cm techniquement appelé la diadema.

PUNCH-PUNCH DE LUXE (gran corona)
Vieux complice des grands amateurs, ce cigare homogène s'est conquis un public fidèle par sa douceur, qui en fait le favori du quatuor de gran coronas Punch – avec lui, le Super Selection N°2, le Black Prince et le Royal Selection N°11. Ses arômes ronds et flatteurs ouvrent sur un mélange miel-terre des plus savoureux. Un classique de la maison.

CORONAS (corona)
Le module corona est à l'évidence un grand oublié de la sélection Punch. Sans doute le choix de la maison est-il déjà bien riche, et les hautes personnalités fort nombreuses... De fait, ce Coronas présenté en semi-boîte nature et en cabinet se contente d'une moyenne honnête, sans grande subtilité. A goûter occasionnellement.

PETIT CORONAS (petit corona)
Il existait autrefois un cigare semblable à celui-ci, nommé Ones, et proposé en étui individuel. Le Petit Coronas se manifeste quant à lui dans un registre terreux-mielleux sec assez discret, mais non dénué de charme. Homogène et jamais agressif, il constitue un excellent cigare de promenade.

SUPER SELECTION N°2 (gran corona)
Présenté en cabinet de 50 pièces, ce gran corona est une parfaite représentation de ce que le module peut offrir de mieux : un bouquet complexe, évoluant lentement du boisé aux valeurs terreuses typiques de la maison, des goûts riches, corsés, mais subtils, épousant divinement le palais, telles sont les principales qualités du Super Selection N°2. Pour amateurs avertis en quête de sensations...

CHURCHILLS (churchill)
Pour un churchill, il est plutôt discret. Mais ce manque d'audace est joliment compensé par une grande richesse de goût et une indéniable onctuosité. Ses arômes mats et terreux, légèrement épicés, imprègnent le palais en douceur – mais avec beaucoup de précision – achevant d'en faire un séducteur patenté.

PETIT PUNCH (très petit corona)
L'un des meilleurs très petits coronas. D'un bel équilibre, le Petit Punch déploie en effet un délicieux bouquet mielleux-épicé qui fait sa singularité dans la gamme. Sa combustion irréprochable met en valeur sa richesse aromatique, achevant d'en faire un excellent cigare de journée, recommandé aux débutants.

Quai d'Orsay

Cette marque française fut créée dans les années 1970 par la Seita à l'adresse des amateurs hexagonaux ; elle s'est acquis au fil du temps une solide réputation.

Les cigares Quai d'Orsay sont avant tout destinés aux fumeurs avertis, en quête de valeurs boisées, légèrement sèches, avec, pour certains modules, des aspects terreux. Quoi qu'il en soit, la gamme ne mise pas sur la puissance, mais plutôt sur la richesse aromatique.

Tête de pont : le churchill Imperiales.

QUAI
ORSAY
CUBA

IMPERIALES (churchill)
Ce churchill très bien construit imprègne le palais de valeurs boisées qui ne manquent pas de séduction. Son caractère aromatique et sa légèreté soulignent sa douceur, constante au cours d'une combustion lente et facile qui séduira les débutants.

GRAND CORONAS
(gran corona)

Pur et direct, cet élégant cigare – le plus fin dans ce module – se distingue par ses arômes mats et terreux, légèrement herbacés, qui évoluent vers des notes de plus en plus boisées. Son bel équilibre et sa combustion facile en font un bon cigare de journée – excellent compagnon des heures de travail.

CORONAS (corona)

Mythique par son format, sympathique par son parfum, classique par son arôme, aristocratique par son nom...
Ce corona-là a bien des attraits. Ses valeurs sèches et légères, relevées de pointes acidulées, prennent de l'ampleur en cours de combustion, évoluant sur un registre assez élevé.

Les petits coronas

Considéré comme un petit cigare – 12,5 cm et plus de long pour un diamètre de 1,6-1,7 cm –, ce module bénéficie d'une très large production : il couvre en effet une grande part de la consommation de Havanes, touchant tant les amateurs de cigares de journée que les fumeurs occasionnels.

A ce succès, deux raisons principales : un temps relativement bref de combustion – de quarante à cinquante minutes – qui en facilite l'accès, notamment après un déjeuner léger, et une agréable répartition des goûts sur l'ensemble de sa structure, marquée par des passages vifs entre le foin, le divin et le purin. Une évolution gustative qui, somme toute, souligne bien le caractère légèrement nerveux de ce cigare.

A gauche :
Petit Coronas de Rafael Gonzalez,
Cedros de Luxe N°3 de Romeo y Julieta,
Petit Coronas de Bolivar.

A droite :
Short Coronas de Hoyo de Monterrey,
Siglo II de Cohiba,
Petit Coronas de Ramon Allones,
Non Plus de Sancho Panza,
Montecristo N°4.

COHI
La Habana
HOYO DE MONTERREY HABANA
RAMON ALLONES HABANA
MONTECRISTO HABANA
SANCHO PANZA HABANA CUBA

Rafael Gonzalez

Marque ancienne, Rafael Gonzalez est le parfait représentant de la noblesse des cigares havanais d'aujourd'hui, même si l'on ne saurait nier qu'il a connu ses plus grands succès lors de la mode des cigares verts *(clarísimos)*.

Classique, distinguée, la gamme actuelle jouit d'une grande considération auprès des amateurs de goûts riches et mielleux, aux arômes de pain d'épice. Au fil des ans, cette maison a noué des liens solides avec ses amoureux, liens faits de séduction et de fidélité. Il est vrai que sa classe et sa discrétion lui confèrent un charme incomparable.

Les princes de sang : le très élégant Lonsdales – pour ses allures de lord anglais –, le Coronas Extra – pour sa bonhomie (une combustion de robusto dans un corps de gran corona) – et le Petit Lonsdales – pour son charme de titi parisien : son goût de miel et ses arômes de pain d'épice évoquent le printemps, la joie de vivre et la liberté.

HECHO EN CUBA
HABANA
MADE IN CUBA
DE RAFAEL GONZA
MARQUEZ
HABANA

TRÈS PETITS LONSDALES (très petit corona)
Malgré sa taille réduite, ce très petit corona ne se laisse pas oublier : fin en bouche, il développe des saveurs riches et grasses qui le mettent à l'abri des travers de cigares plus puissants. Il sera idéal à l'issue d'un repas traditionnel, sans toutefois s'imposer au palais.

PETIT CORONAS (petit corona)
Le plus nerveux de la famille Rafael Gonzalez développe des arômes verts au goût boisé. Son troisième tiers, qui se consume dans un tempo vif et âpre, est tout à fait adapté après un repas aux saveurs aigres-douces.

SLENDERELLAS (panetela)
Construit tout en finesse, cet élégant panetela marque par son extrême douceur et par la fraîcheur de ses valeurs fleuries. Très riche en goût, il n'en agresse pas pour autant le palais, qu'il laisse d'ailleurs quasiment sans traces. Très apprécié des fidèles de ce module, c'est un cigare accessible, qui sait charmer tant les dames que les débutants.

LONSDALES
(lonsdale)
D'une élégance rare, le Lonsdale est un cigare magnifique. Sa combustion lente offre au palais des vagues successives de petites volutes extraordinairement parfumées : ses arômes mielleux et gras font en grande partie le charme de ce séducteur, dont la qualité régulière de tabac n'est pas le moindre des atouts. Un des grands de sa catégorie.

CORONAS EXTRA
(gran corona)
Le plus grand format de Rafael Gonzalez, et l'un de ses meilleurs cigares. Plus puissant et plus riche au palais que le Lonsdales, il se distingue par ses goûts boisés et légèrement gras qui restent très présents tout au long de la dégustation. Confortable en bouche – il ne fatigue pas – ,il est idéal après un bon déjeuner ou pour accompagner les moments de lecture.

PETIT LONSDALES
(petit corona)
Très aromatisé et très riche en goût, ce petit corona s'impose par son parfum ambré et ses notes à la fois boisées et mielleuses. Un très agréable compromis de rondeur et de puissance qui laisse au palais des sensations délicieuses, assez originales par rapport à la ligne de la maison.

Ramon Allones

Taillée dans le même roc que Partagas, cette très ancienne marque cubaine de renom international se caractérise par ses goûts puissants, directs et francs. La large gamme, qui comprend tous les formats classiques, est particulièrement réputée pour ses doubles coronas, robustos et coronas.

Très prisés des amateurs de cigares ayant du corps et du cœur, les Ramon Allones viendront toujours orner les grandes tables et conclure les repas de fête : ce sont des pièces capiteuses, exigeantes, qui s'inscrivent dans la haute tradition du Havane et s'adressent à des amateurs confirmés. A noter : le Private Stock, un lonsdale très chic, n'est plus produit. Avis aux collectionneurs!

Les premiers crus : le Coronas Gigantes – une pièce envoûtante, très haute couture –, le 8-9-8 Cabinet Selection et Cabinet Selection Varnished – terreux et légèrement épicé, également assez couture –, le Specially Selected – la simplicité et la générosité du beau prêt-à-porter – et le Small Club – un très petit corona moelleux, très facile, qui monte délicieusement aux papilles, mais n'en habille pas moins bien.

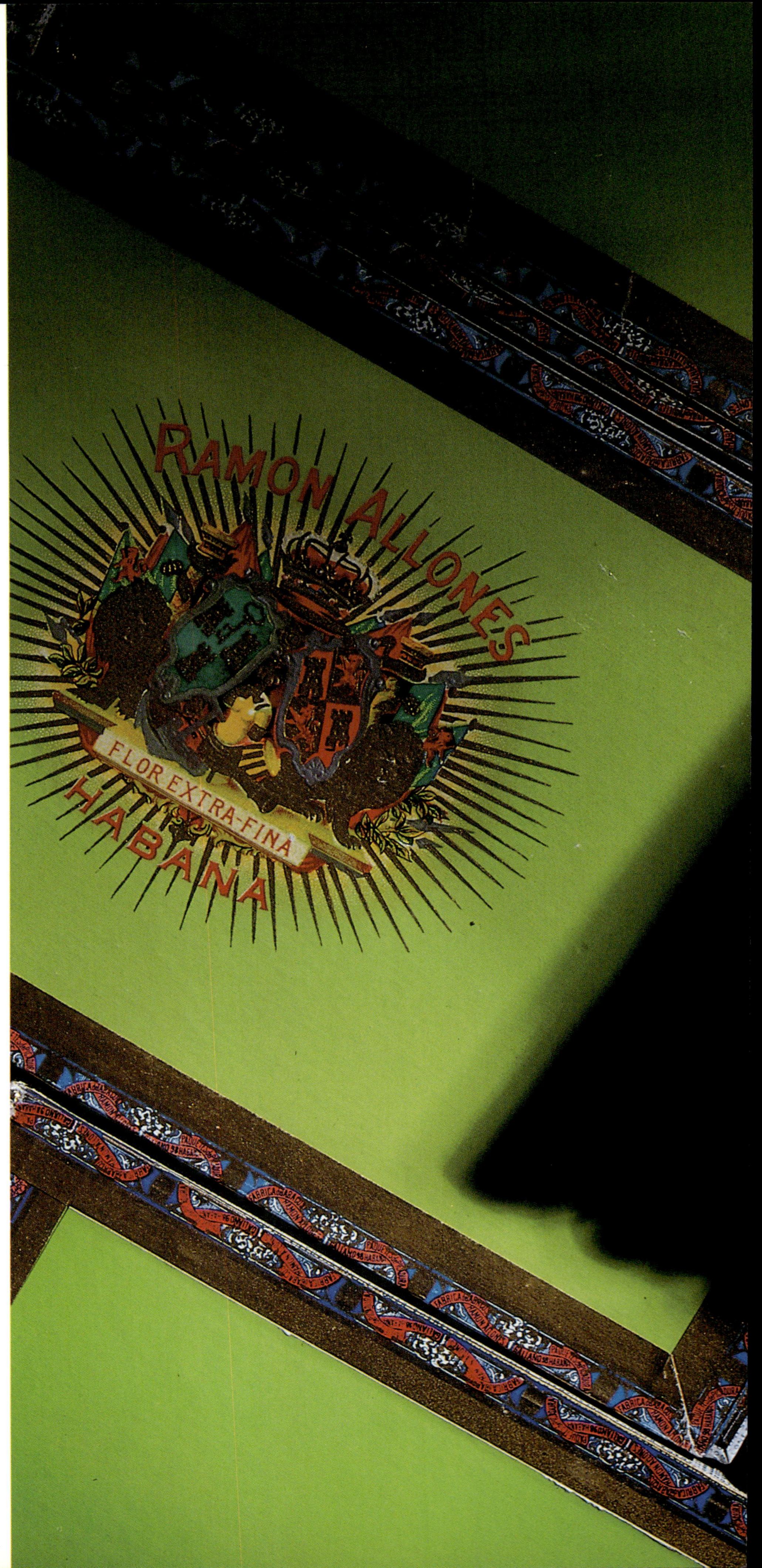

RAMON ALLONES
HABANA
CABINET
RAMON ALLONES
8-9-8
EXTRA-FINA

8-9-8 CABINET SELECTION VARNISHED (churchill)
Si, dans le même module, Partagas offre une abondance d'épices, le Ramon Allones, lui, propose de délicieux parfums mielleux, très caramel. Mûr et gras, il témoigne d'une belle harmonie dans l'onctuosité. Long en bouche, il évolue dans un registre sucré-salé. Pour amateurs avertis (mais difficile à obtenir).

8-9-8 CABINET SELECTION (corona)
Bien différent du Varnished, ce corona est la discrétion même. Sa douceur, appuyée sur des valeurs terreuses, légèrement mates, l'impose comme un cigare de journée facile, n'agressant pas le palais.

CORONAS GIGANTES (double corona)
Figurant au nombre des grands doubles coronas, le Gigantes est un cigare puissant et généreux, dont la vitalité frise parfois l'insolence. A humer son parfum ambré, on reconnaît immédiatement le puro travaillé. Si la maturation est digne de lui, son corps gras colle à la main comme une poisse noble, ce qui ravira les connaisseurs. Ce n'est pas un compagnon de travail – il est tros copieux malgré sa subtilité –, plutôt l'ami fidèle des tables de qualité.

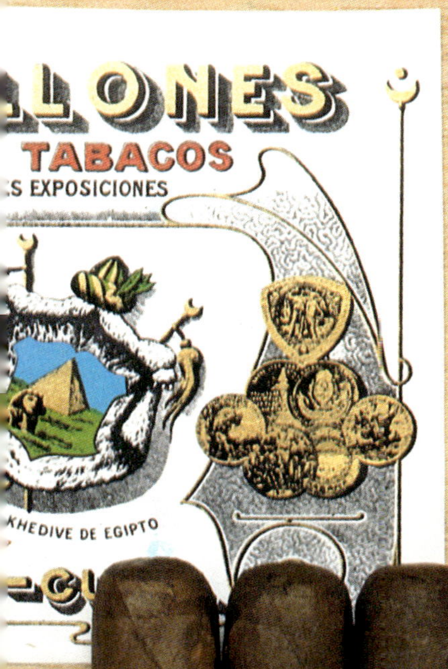

SPECIALLY SELECTED (robusto)
C'est l'une des trois valeurs puissantes du format, avec le Partagas et le Cohiba. Généreux et mûr, il livre des goûts gras sur le premier tiers, pour évoluer ensuite sur des tonalités plus capiteuses. Beaucoup de fruit et d'arôme et une pointe d'épices lui confèrent une belle convivialité, son confort évoquant irrésistiblement le bien-être que l'on éprouve à s'abandonner au moelleux d'un vieux cuir anglais patiné par le temps.

CORONAS (corona)
Un ton en dessous – pour ce qui est de la puissance – du reste de la famille Ramon Allones, ce corona au goût terreux relevé d'une pointe d'épices n'en est pas pour autant fade ni triste. Assez travaillé dans son classicisme, il s'adresse avant tout aux amateurs de Havanes traditionnels dépourvus de rondeur. Particulièrement indiqué après un déjeuner d'automne.

PETIT CORONAS
(petit corona)
Un petit monsieur percutant, un peu nerveux, dont le goût corsé – sur un mode terreux et légèrement acidulé –, bien dans le style anglais, séduira les amateurs de Havanes à l'ancienne. Encore méconnu, il n'en est pas moins un membre tout ce qu'il y a de plus présentable de la grande famille des petits coronas.

SMALL CLUB
(très petit corona)
C'est l'ambre du parfum qui séduit ici en premier lieu. Les arômes très gras et ronds de ce petit cigare confirment ensuite ce charme, qu'une bonne combustion – due à sa structure râblée et à l'aération de sa tripe – accuse encore. S'il est trop court pour connaître une réelle évolution de goût, il se montre très jovial en bouche du début à la fin, s'imposant comme un sujet sympathique, pouvant être dégusté à tout moment de la journée.

Les très petits coronas

Ce petit module très agréable – 11 cm et moins de long pour un diamètre traditionnel de 1,6 cm – ne mérite pas le dédain dans lequel on l'a jusqu'à présent tenu. Cigare de matinée ou d'apéritif, il permet en effet une mise en bouche idéale et comble parfaitement les temps morts de l'amateur de Havanes. Sans compter que ce charmeur a su apprivoiser la gent féminine, que ses arômes généreux ont durablement conquise. Dernier atout : la dégustation – entre vingt et trente minutes – est marquée par une légère progression des arômes, le très petit corona ne livrant pas son goût de manière instantanée.

A gauche :
Très Petit Lonsdales de Rafael Gonzalez,
Très Petit Coronas de Romeo y Julieta,
Shorts de Partagas,
Montecristo N°5.

A droite :
Patricias de Juan Lopez,
Bachilleras de Sancho Panza,
Small Club de Ramon Allones,
Petit Prince de Romeo y Julieta,
Siglo I de Cohiba.

JUAN LOPEZ
HABANA
HABANA
PANZA
CUBA
RAMON ALLONES
HABANA
ROMEO Y JULIETA
HABANA
OHIBA
Habana, Cuba

El Rey del Mundo

La principale caractéristique de ce Roi du Monde est sans aucun doute sa douceur, qui, sèche ou plus crémeuse, se retrouve dans tous les formats. Ce trait, précisément, allié à leur fraîcheur et à leur légèreté, rend les El Rey del Mundo très accessibles et en fait d'excellents cigares d'initiation au Havane. Ce qui n'empêche pas les récalcitrants aux valeurs puissantes de rester par la suite fidèles à leur charme.

En pointe : le Tainos (churchill), le Grandes de España (gran panetela) et le Choix Suprême (robusto).

EL REY DEL MUNDO
HABANA

LONSDALES (lonsdale)
Cet agréable lonsdale existe en deux présentations : en coffret de bois naturel ou en semi-boîte nature. La qualité demeure identique dans les deux cas, la forme seule changeant – ronde ou carrée. Pour ce qui est du goût, on est ici dans la grande tradition El Rey del Mundo : des arômes légers et un peu poussiéreux, dans un registre boisé-végétal. Bonne combustion qui amplifie la tenue en bouche.

GRANDES DE ESPAÑA (gran panetela)
Conçu pour les amateurs de formats élégants sensibles tant à l'esthétique qu'à la qualité de goût, ce joli panetela livre un agréable parfum végétal souligné de traits onctueux, ouvrant sur des arômes boisés discrets et racés. Présent en bouche mais peu marquant, il bénéficie d'une bonne combustion – si tant est que sa fabrication ait été menée dans les règles de l'art.

CHOIX SUPRÊME (robusto)
Très doux pour un robusto, le Choix Suprême développe des arômes crémeux, mielleux et verts à la fois, qui l'imposent comme un bon cigare de compagnie facile à fumer. Aussi à l'aise le matin qu'après le déjeuner, il tire avantage de sa combustion généreuse, qui le rend très accessible. Existe en cabinet et en semi-boîte nature.

CORONAS (corona)

A l'évidence conçu pour les premières volutes de la journée, ce corona un peu timide évolue dans un registre boisé-végétal manquant sans doute de subtilité. Ses aspects mats créent en bouche un goût éphémère qui ne saurait combler le connaisseur – quoique cette discrétion puisse être bienvenue à certains moments de la journée.

TAINOS (churchill)

Fabriqué avec des feuilles très fines dont les teintes varient du doré mat discret au jaune bien nourri, ce churchill est l'un des plus frais et des plus légers que l'on puisse trouver. Ses arômes secs en bouche permettent de le déguster aisément durant la journée, d'autant que sa combustion régulière et facile ne fatigue jamais. Un bon cigare d'initiation au module.

PANETELAS (panetela)

Une élégance douce et raffinée, soulignée d'un savoureux coulis légèrement sucré : voilà, en quelques mots, ce qu'évoque ce panetela aux lignes délicates.

GRAN CORONAS (gran corona)

Présenté dans un caisson de bois naturel et en semi-boîte nature, ce gran corona figure parmi les plus légers du marché. Son excellente combustion favorise une dégustation rapide et sans fatigue. Le registre de goût est tout ce qu'il y a de plus classique chez El Rey del Mundo : légèrement herbacé, très peu marqué, il termine néanmoins sur un bouquet sympathique.

Romeo
ALVAREZ
25 CA

Romeo y Julieta

Au fil des ans, cette maison s'est assuré une excellente réputation auprès des amateurs de Havanes riches et bien travaillés. En effet, si la marque se fit connaître en proposant des cigares légèrement déshumidifiés aux arômes corsés, bien dans le goût anglais, elle sut développer peu à peu des parfums plus doux, ronds et fruités – ceux qui ont fait le succès, notamment, du Fabulosos (un especial) ou de l'Exhibición N°4 (un robusto) en cabinet.

On pourrait ainsi résumer l'évolution de Romeo y Julieta par la vogue successive de ses trois grandes « vedettes » : dans les années 1960, le Cazadores (un gran corona très épicé, nerveux, un rien agressif); dans les années 1970-1980, le Churchills (riche, boisé, puissant); puis, dans les années 1990, la série des Exhibición (très aromatiques, fleuris). Indiscutablement, Romeo y Julieta est une grande maison, qui a su se renouveler et répondre aux attentes d'un public toujours plus fidèle.

CAZADORES (gran corona)

Ce gran corona de haute lignée est un sujet de caractère... Ses chauds arômes de cacao transportent dans un monde où la richesse en goût confine à l'insolence : ici, le miel se couvre d'épices enivrantes, imposant un crescendo despotique jusqu'à l'explosion finale, d'une puissance extraordinaire. Racé et sans concessions, ce grand fauve mérite bien son titre de cazador (chasseur, en espagnol).

PETIT PRINCE (très petit corona)

Cette petite « gomme à mâcher » du Havane est un sujet sympathique, dont la fraîcheur et la légèreté ne sont pas sans évoquer celles du champagne – qu'il accompagne fort bien, au demeurant... Facile et sans complications, il se déguste à toute heure de la journée, sans autre ambition que de procurer le plaisir d'une petite pause « havanesque »...

EXHIBICIÓN N°4 (robusto)

Cette merveille de cigare est le parfait représentant de la nouvelle génération du Havane, tout en richesse et en subtilité. Sa fraîcheur, sa rondeur en bouche, son sucre et ses savoureuses notes de fruits tropicaux, comme son équilibre et son confort, en font l'un des fleurons du module. Un charmeur de haute volée.

EXHIBICIÓN N°3 (gran corona)
Plus discret que son cousin de taille robusto, ce gran corona offre un abord un peu timide. Mais, dès le deuxième tiers, il développe des arômes boisés et gras très présents. Belle longueur en bouche, grâce à une combustion très régulière.

CORONAS (corona)
Ni trop puissant ni trop doux, ce cigare facile, très agréable à fumer, séduit par la belle rondeur de ses arômes boisés. Sa fraîcheur équilibre l'onctuosité de ses saveurs, achevant d'en faire un compagnon de choix pour les jeunes palais en quête de nuances exotiques.

TRÈS PETIT CORONAS (petit corona)
Sympathique et convivial, il déploie de délicieux arômes de noix mûre ouvrant sur un goût gras et acidulé, aux notes légèrement terreuses.

CELESTIALES FINOS (figurado)
Ce qui marque avant tout dans ce figurado, c'est son architecture à l'ancienne : on notera en effet son extrémité rétrécie de perfecto. Mais il n'y a pas que la ligne qui soit ici très traditionnelle : le goût l'est aussi, qui évolue dans des notes rustiques et corsées, d'une rare puissance à l'entrée du divin. S'il n'est plus à la mode, ce vigoureux sujet demeure un excellent cigare pour nostalgiques du Havane traditionnel.

CEDROS DE LUXE N°1 (lonsdale)
Discret et plutôt léger pour un lonsdale, le Cedros N°1 est à l'évidence l'un des moins marqués du module. Dans un registre vert-herbacé, son arôme ne marque guère le palais, mais son goût frais et sec devrait séduire les débutants.

CHURCHILLS (churchill)
Présenté ici dans sa version en tube, mais existe également sans. Connu de tous les Havanophiles, le churchill de Romeo y Julieta est vraiment la référence du module. S'il est entré dans l'Histoire par sa présentation en tube aluminium, il s'est imposé aux amateurs par sa richesse et sa puissance de goût – particulièrement sur le deuxième tiers, très incisif, qui a fait sa réputation. Un cigare exigeant, pour amateurs avertis, dont on pourra aussi apprécier la version sans tube, plus fraîche.

PRINCE OF WALES (churchill)
Assurément le plus doux du trio de churchills de la marque. Légèrement boisé et épicé, ce discret Prince de Galles évolue dans une prédominance boisée délicatement épicée. Ses parfums lointains ouvrent sur des arômes mats et classiques. Sa combustion très régulière procure un constant niveau de goût.

CLEMENCEAUS
(churchill)

Plus doux et plus accessible que le Churchills, le Clemenceaus n'en marque pas moins le palais de valeurs boisées-fleuries relevées d'une pointe d'épices. Produit artisanalement, il exige un élevage scrupuleux pour donner sa pleine mesure. C'est le compagnon idéal des cuisines traditionnelles – repas de chasse arrosés de vins capiteux –, où son goût terreux et massif, mis en valeur par une bonne combustion, fait merveille. Difficile à trouver.

CEDROS DE LUXE N°2
(corona)

D'une extrême légèreté pour ce format, le Cedros N°2 développe des fréquences herbacées très volatiles, sur des arômes frais, à peine boisés, des plus discrets. Dénué de puissance apparente, il s'adresse en priorité aux débutants.

FABULOSOS
(especial)

Avec ses 24 cm taillés dans les capes les plus fines, ce diamant de Havane déploie des arômes d'une rare subtilité. Il est évident que sa magnifique architecture joue un grand rôle dans la richesse de ses valeurs travaillées, qu'une combustion irréprochable fait évoluer vers de plus en plus d'épices. Puissant, mais sans agressivité, le Fabulosos mérite que l'on accorde à sa maturation un soin exigeant.

CEDROS DE LUXE N°3
(petit corona)

Plus connu que le N°1 et le N°2, le Cedros N°3 est lui aussi d'une grande discrétion. Léger, un peu monotone, il est très accessible et peut trouver sa place comme cigare de compagnie pour amateurs de sujets faciles.

Les gran panetelas

Ces grands séducteurs ont connu un succès considérable dans les années 1960-1970. Très élégants – environ 19 cm de long pour un diamètre moyen de 1,5 cm –, ils apparaissent de fait comme d'authentiques « bêtes de race », auxquelles les amateurs aiment à se frotter. Si les références en la matière sont longtemps restées le Montecristo Especiales et le Davidoff N°1, puis, un peu plus fins sans être des panetelas, le Grandes de España de El Rey del Mundo et le Médaille d'or N°1 de La Gloria Cubana, on a vu naître, dans les années 1980, le Lanceros de Cohiba. Incontestablement, ces cigares sont tous des seigneurs, avec ce que cela suppose, aussi, de caprices. Car la construction de ce format est en réalité très délicate : pour que la dégustation en soit agréable, il ne doit présenter aucune difficulté de tirage – si ce n'est une légère résistance favorisant la persistance d'un filet aromatique –, ce qui est loin d'être simple avec un module aussi fin. Dans le cas contraire, l'aventure tourne rapidement au parcours du combattant... Cela dit, c'est sans doute avec les gran panetelas que l'on peut le mieux apprécier l'évolution entre la tête, le corps et le pied, évolution particulièrement sensible tout au long de la combustion – de l'ordre de soixante à quatre-vingt-dix minutes. En dehors de ce point, et contrairement à la plupart des autres modules, les cigares de ce format ne présentent aucune similitude d'une marque à l'autre. Dernière précision : les gran panetelas existent en deux finitions de tête – en petit twist ou en arrondi. Cette différence n'affecte en rien le goût du cigare. Enfin, signalons la fabrication (très confidentielle) du Trinidad, réservé aux invités d'honneur du gouvernement cubain.

De haut en bas :
Especiales de Bolivar,
Lanceros de Cohiba,
Médaille d'or N°1 de La Gloria Cubana,
Grandes de España de El Rey del Mundo,
Especiales de Montecristo.

BOLIVAR
HABANA
HIBA
LA GLORIA CUBANA
HABANA
EL REY DEL MUNDO
HABANA
MONTECRISTO
HABANA

SAINT LUIS REY
PROMINENTE

Saint Luis Rey

Cette marque historique, quelque peu oubliée des amateurs, a repris sa place dans le giron des grandes familles du Havane depuis les années 1980. Elle présente une gamme dans l'ensemble riche et bien façonnée, aux arômes terreux et épicés – un goût qui séduit principalement les amateurs confirmés, mais peut aussi offrir au débutant un moment unique.

Le phare de la sélection est sans conteste le Prominente – ce double corona en demi-roue est un petit chef-d'œuvre –, mais la cour de cet empereur est plus que respectable, avec le Série A – un gran corona au style franc-tireur –, le Regios – un robusto qui joue les fous du roi – et le Coronas, au ton de ménestrel.

PROMINENTE (double corona)
Difficile à trouver en raison d'une production limitée, le Prominente est un Havane charnu et nourrissant. Si l'abord en est facile en raison de son diamètre, les premières volutes du divin viennent tapisser le palais d'arômes généreux et pleins, qui évoluent dans des valeurs terreuses et capiteuses. Puissant et très présent, c'est un cigare d'amateur averti.

CORONAS (corona)
Nettement supérieur à nombre d'autres coronas, ce cigare bien travaillé trouve son originalité dans l'évolution acidulée de ses valeurs terreuses. Sa bonne tenue en bouche permet de savourer ses volutes soulignées, libérant pleinement le goût du cigare sans qu'on ait besoin d'en exagérer le tirage.

CHURCHILLS (churchill)
Savoureux et peu agressif, ce churchill se distingue de ses homologues par la douceur de ses arômes, qui évoluent entre le boisé et le mielleux, avec une agréable pointe d'épices. Ami des bonnes tables, il donne sa pleine mesure lorsqu'il accompagne des plats rustiques, et particulièrement des mets traditionnels du Sud-Ouest.

SÉRIE A (gran corona)
Rond en bouche et bien équilibré, le Série A déploie un envoûtant mélange de fragrances animales et végétales – musc et sous-bois d'été –, ouvrant sur des goûts généreux et évolutifs. La courbe des arômes prend ainsi naissance dans le registre boisé, poursuivant sur davantage de miel, avant de finir sur un mode soutenu, dans de chaudes nuances exotiques. Indéniablement séduisant.

REGIOS (robusto)
Un superbe robusto, au délicieux parfum de chocolat et de pain d'épice. Long en bouche, c'est avec beaucoup de subtilité qu'il impose au palais ses arômes doux et gras. Sa combustion régulière accentue sa plénitude, achevant d'en faire un cigare agréable, qu'il accompagne la table ou les fins de soirée.

LONSDALES (lonsdale) (ci-dessus)
Sobre jusqu'à la distance – du moins dans l'apparence –, ce Havane onctueux exprime sa vitalité dans un goût riche et sec. Ses parfums rustiques révèlent une pointe herbacée et terreuse, presque lointaine, mais c'est un curieux mélange de notes terreuses-acidulées qui fait son charme. A ne pas soumettre à tous les palais.

BOLIVAR
COHIBA
La Habana, Cuba

Les figurados

On regroupe sous ce nom des formats en fait très divers, dont le seul point commun est de présenter une tête resserrée en goulot de bouteille (le Presidentes de Partagas est même conique aux deux extrémités). De ce groupe hétéroclite émerge particulièrement le torpedo – également appelé patte d'éléphant ou *piramide* –, long de 14-15 cm pour environ 2 cm de diamètre. C'est Montecristo, avec le N°2, qui a fait le succès du module, ouvrant la voie à H. Upmann, Bolivar et Sancho Panza – dont les cigares, pour être légèrement plus courts, n'en sont pas moins appréciés des amateurs. Il faut dire que le torpedo a ses inconditionnels, qui goûtent à sa juste mesure la belle évolution des sensations – du confort des premiers instants à l'épanouissement de la « grande traversée », avant le feu d'artifice final, qui plonge dans un tourbillon de puissance et de générosité. C'est son architecture originale qui confère à ce format son panache, le resserrement de la tête faisant office d'amplificateur d'arômes. C'est pourquoi les fidèles du module sont toujours des fanatiques du goût, recherchant l'abondance des parfums et des saveurs – trait qu'ils partagent avec les amateurs de robustos et de doubles coronas.

A gauche :
Celestiales Finos de Romeo y Julieta (perfecto),
Belicosos Finos de Bolivar (torpedo),
Figurado de Cohiba (torpedo),
Upmann N°2 (torpedo).

A droite :
Montecristo N°2 (torpedo),
Belicosos de Sancho Panza (torpedo),
Presidentes de Partagas (perfecto).

HABANA
GRAN FABRICA DE TABACOS
DE
CUESTA Y CIA
HABANA
SANCHO PANZA
CUBA

Sancho Panza

Cette ancienne marque cubaine, qui jouit encore d'une belle réputation auprès des amateurs de Havanes, propose une gamme bien équilibrée avec, notamment, un churchill (le Coronas Gigantes), un lonsdale (le Molinos), un especial (le Sanchos) et un figurado (le Belicosos). Ces formats sont accompagnés de modules de petite taille qui complètent très bien la sélection.

Le succès de Sancho Panza tient sans aucun doute au style élégant et raffiné de ses mélanges doux et aromatiques, qui ne peuvent que séduire un large public.

BELICOSOS (figurado)
Il ne faut pas se fier à son apparence : en effet, si les torpedos ont la réputation d'être des cigares puissants, le Belicosos évolue quant à lui dans un registre doux et léger – ce qui, d'ailleurs, en a fait par excellence le cigare d'initiation à ce format. Très présent au palais, il n'est jamais agressif – malgré des goûts pleins et généreux –, ce qui permet de savourer tout son charme et sa jovialité.

CORONAS GIGANTES (churchill)
Sa finesse, sa relative douceur et son arôme travaillé en font un churchill un peu à part. Tout en harmonie, le Coronas Gigantes s'impose en effet comme une réalisation raffinée, dont les saveurs capiteuses et les parfums légèrement enivrants ont depuis longtemps fait la conquête des palais les plus subtils. Remarquable.

CORONAS (corona)
Quand Sancho Panza parle de corona, c'est évidemment avec l'intention de compléter sa sélection, autrement dit de donner naissance à un cigare qui soit dans la ligne de goût de la maison. C'est chose faite... On notera par ailleurs la tripe bien fournie, qui favorise une dégustation lente et agréable.

MOLINOS (lonsdale)
Ce Molinos est un Monsieur. Ses parfums discrets, presque lointains, le situent de prime abord en dessous de ce dont il est capable. Mais cet aristocrate au grand cœur livre bientôt ses arômes généreux, onctueux, relevés d'une pointe de caramel, avant d'amorcer, grâce à une excellente combustion, un beau final tannique. Charmeur, doux et raffiné.

SANCHOS (especial)
Son physique imposant – plus de 23 cm – pourrait induire en erreur : ni corsé ni agressif, ce géant travaille en douceur et en légèreté, avec un premier tiers végétal et fleuri, et, dès le divin, d'onctueuses valeurs boisées, parfois un peu lointaines, d'un grand raffinement, le troisième tiers manifestant un léger réveil. Très présent, le Sanchos ne s'adresse pourtant pas au premier venu, ne serait-ce que parce qu'il faut compter près de trois heures pour le déguster.

BACHILLERAS (très petit corona)
Bien entendu, ce très petit corona ne peut concourir avec ses frères aînés en matière de puissance et de générosité. Ce qui ne l'empêche pas de se révéler fort sympathique, dans un registre fleuri-sucré léger qui le fait déguster comme un en-cas. Havane du café-croissant, il permet de bien commencer la journée.

NON PLUS (petit corona)
Ce petit corona séduit d'abord par la présence de ses valeurs boisées, dénuées d'épices. Sans être puissant, il tapisse en effet le palais de belle façon, la qualité et la construction de son mélange favorisant une excellente combustion. A situer dans le clan des cigares de journée.

RAFAEL GONZ
MARQUEZ
HABANA
COH
IBA
GLORIA CUBANA
HABANA
DEL MUNDO
HABANA

Les cigarritos et panetelas

Les cigarritos sont les plus petits et les plus fins cigares fabriqués à la main (10-11 cm de long pour 1,2-1,3 cm de diamètre). Ils font la joie de ceux qui n'ont pas le temps de déguster un module plus important – leur combustion ne dépasse guère les quinze minutes – et sont également très appréciés des femmes, souvent rétives à un format supérieur.

Les panetelas mesurent de 10 à 17 cm de long pour un diamètre moyen de 1 cm. Ce sont des cigares élégants, eux aussi appréciés des femmes amateurs de Havanes, mais qui savent également séduire des fumeurs de modules différents, dont leur légèreté vient occasionnellement agrémenter l'apéritif ou le café.

A gauche :
Panetelas de Rafael Gonzalez,
Médaille d'or N°4 de La Gloria Cubana,
Médaille d'or N°3 de La Gloria Cubana,
Slenderellas de Rafael Gonzalez,
Demi-tasse de Rafael Gonzalez.

A droite :
Exquisitos de Cohiba,
Panetela Superba de Juan Lopez,
Cigarritos de Rafael Gonzalez,
Panetelas de Cohiba,
Elegantes de El Rey del Mundo,
Demi-tasse de El Rey del Mundo.

Les autres

Jamais le monde du cigare n'a connu autant de mouvements qu'en cette aube du XXIe siècle. Or, si l'on peut avancer plusieurs raisons à ce phénomène, il apparaît bel et bien que l'effort considérable que des pays producteurs de tabac tels que la Jamaïque, le Honduras ou Saint-Domingue ont accompli n'est pas étranger à cette évolution. De fait, ces nations ont beaucoup amélioré leurs produits, tant du point de vue de l'architecture que pour ce qui est de la qualité des mélanges.

Loin de nous, pourtant, l'idée de comparer ce qui n'est pas comparable : nous nous garderons donc de juger un cigare hondurien ou dominicain à l'aune d'un cubain, les Havanes eux-mêmes présentant des différences d'importance. Il reste que, si ces derniers conservent leur spécificité – et la faveur des puristes –, il serait injuste de passer sous silence d'autres productions qui ont d'ores et déjà prouvé qu'elles étaient en mesure de prétendre aux éloges.

Ci-contre :
Sélection des Sélections Gérard Père et Fils, élaborée à partir de tabacs de différentes origines.
Pages suivantes :
Dunhill Romanas et Samanas, Alfredo Fuentes corona et double corona (fabriqués à Saint-Domingue).

dunhill

Les disparus

Ils firent la joie de plusieurs générations d'amateurs de Havanes. Leur réputation avait d'ailleurs largement débordé les limites de leur pays d'origine, en particulier jusqu'en Amérique du Nord et en Europe. Ils avaient pour nom Henry Clay (pages 122-123, 25 Diamantinos conservés dans leurs tubes de verre), La Corona – du même nom que la fabrique toujours en activité (pages 120-121, 25 Coronas) –, Maria Guerrero (pages 120-121, 25 Cedros de Luxe N°2), Cabañas y Carbajal, Villar y Villar, et, plus proches de nous, Don Candido, Don Alfredo et bien d'autres encore, aujourd'hui disparus.

Pour des raisons évidentes, la description de leurs arômes est impossible à orchestrer ; disons qu'ils étaient adaptés au goût de l'époque. Quoi qu'il en soit, les rares caissons parvenus jusqu'à nous sont traités avec le même respect et la même considération que d'authentiques œuvres d'art.

LA ESCEPCION
ERO
HABANA
LA CORONA
CORONAS
BOLIVAR

25 · MONARCHS · 25
Y JULIETA
Petit Prince
HECHO A MANO
LA ESCEPCIO
25-CORONAS MAJOR-25

HENRY CLAY
HABANA
CALZADA DE LUYANO Nº 100.
DEPÓSITO
HABANA
HECHO EN LA HABANA, CUBA TABACALERA CUBANA S. A. MADE IN HAVANA, CUBA
BOLIVAR
25 CORONAS

LARRAÑAGA
25 - CORONAS
GISPERT
25 - Petit Coronas de Luxe
LONGOS
DIPLOMATICOS No. 6
FLOR DE TABACOS DE PARTAGAS Y CA. HABANA
GISPERT Y CA.
PINAR DEL RIO Y HABANA
MADE IN CUBA
GENUINE IMPORTED HAVANA CIGARS
FABRICA DE TABACOS
Gispert
PINAR DEL RIO

Les oubliés

Ils ont eu leur heure de gloire, avant que leur renommée ne s'estompe quelque peu au profit d'un quelconque rival... On les retrouve tout de même, de loin en loin, au détour d'un humidor, un peu seuls, comme lourds de l'oubli dans lequel on les tient désormais, eux qui firent autrefois le bonheur des amateurs.

Sur la carte de visite de ces stars délaissées, on peut lire : Gispert (Petit Coronas de Luxe, ci-contre et page 126), Por Larrañaga (Coronas, ci-contre et page 126), José Gener La Escepción (Longos, pages 121 et 127), ou encore Diplomaticos (N°1 et N°6, ci-contre et page 127) – cette dernière maison subsistant dans l'ombre de Montecristo, dont elle est devenue une sous-marque.

Citons enfin ceux que leur format unique – un fagot constitué de trois cigares tressés – élève au rang de pièces rares, et que l'on appelle culebras (Partagas et Romeo y Julieta, ci-contre et page 127).

GISPERT
DE

PARTAGAS
HABANA
JOSÉ GENER
HABANA

ROMEO Y JULIETA
CHURCHILL
Made in Havana. Cu
JULIETA
CUBA

Les légendaires

S'il est indéniable que les grandes marques ont contribué à dévoiler au monde les multiples beautés du cigare, il n'en est pas moins vrai que ce noble produit est avant tout le résultat du travail – souvent acharné – d'hommes irremplaçables qui ont fait – ou font encore – la planète Cigare.

Qu'ils soient au cœur des plantations, la chemise collée à la peau par la sueur des jours de récolte, ou dans le secret des fabriques, en train de donner naissance à de précieux mélanges, ce sont tous des artisans entièrement dévoués à leur produit. Sans eux, l'histoire de ce dernier en eût été toute différente. Rendons ainsi hommage à ces grands messieurs que furent Don Jaime Partagas, Alfred Dunhill ou Zino Davidoff, mais aussi à tous ceux qui, dans leur ombre, ont contribué, chacun à sa façon, à faire partager cette passion.

Pages suivantes :
Davidoff Aniversario,
Dunhill Don Candido,
Havana Club et Estupendo

Davidoff
Davidoff
80
Aniversario
DON CANDIDO
HABANA

ONE HAVANA CLUB CIGAR - MADE IN HAVANA CUBA

Les introuvables

Si, par définition, les disparus ne peuvent plus être consommés, il est d'autres cigares, très rares, que l'on peut encore avoir le plaisir de déguster… si tant est que l'on parvienne à les dénicher !

Qu'ils aient été conçus à La Havane pour des occasions très précises (tels les torpedos de Cohiba, page 134, ou les Clos Vougeot Figurados présentés dans un plumier, page 137), qu'ils soient proposés dans des coffrets à l'ancienne (comme les Montecristo B) ou encore fabriqués de manière exclusive (tels ces 25 especiales Gérard Père et Fils Sélection des Sélections, page 140), ces merveilles, que le temps a habillées d'une patine de rêve, font la joie des passionnés… et des collectionneurs.

Ci-contre :
Partagas Palmas Reales Cristal Tubos.

PARTAGAS
HABANA
CIFUENTES Y CIA.
PARTAGAS
HABANA
DE TABACOS

COHIBA
La Habana, Cuba

COHIBA
La Habana, Cuba

AMATEUR
DE
HAVANE
HABANA

Les hors-séries

Edités en séries – extrêmement – limitées, ces cigares sont tous des objets de collection dont la beauté, la noblesse et la qualité viennent enrichir la cave des amateurs. Certains d'entre eux sont en effet considérés comme de véritables œuvres d'art, ardemment recherchées.

Il est vrai que, découvert un jour de 1492 et rapporté en Europe par Christophe Colomb, ce magnifique produit qu'est le tabac de La Havane est devenu en cinq siècles le complice des grands de ce monde et, plus simplement, le compagnon de tous les épicuriens, heureux de partager ce plaisir du palais, la joie de vivre un moment unique, convivial et serein, sans parler du délicieux enivrement de chaque volute...

De haut en bas et de gauche à droite : *1492 (corona), réalisé pour le 500e anniversaire de la découverte de Cuba; Sélection Gérard Père et Fils (figurados à l'ancienne), cigares vendus chez Sotheby's en 1994; Clos Vougeot (figurado), présenté en plumier individuel; especial sélectionné pour le Club des Parlementaires (1990); même module pour la Nuit du Havane (Monte-Carlo); humidor de 50 gran coronas célébrant le 150e anniversaire de la maison H. Upmann.*

Épilogue

Comme tous les grands voyages – entendons ceux qui riment avec découverte, enrichissement, épanouissement –, celui qui nous a menés aux confins de l'univers du Havane pourrait être prolongé à l'infini : ce n'est certes pas la matière qui manquerait. Mais tâchons de nous montrer raisonnables, et de refermer, dans la grâce d'une ultime volute, le présent volume...

Nous ne voudrions pas manquer, cependant, d'évoquer respectueusement – pour ne pas dire avec reconnaissance, voire amitié – tous ceux qui, en amont de notre propre travail, plantent, cultivent, traitent, récoltent, élaborent, mélangent, façonnent, élèvent... bref, donnent naissance à ces fabuleux Havanes qui font ensuite notre bonheur. Sans la conscience, l'adresse, le courage aussi, parfois, des *vegueros* et des *torcedores,* nous n'existerions tout simplement pas.

Nous ne voudrions pas non plus oublier ceux qui, depuis des années, constituent la grande famille des Havanophiles – ces amateurs curieux et attentifs dont

Ci-contre :
Sélection des Sélections Gérard Père et Fils, module especial, en cabinet (hors-série).

Pages suivantes :
Cigares de collection de la maison Gérard Père et Fils.

l'authentique talent donne aux professionnels l'envie de toujours s'améliorer, toujours se renouveler. Leur confiance, mais aussi l'acuité de leurs remarques sont les plus sûrs ferments de notre réussite, puisque, loin de se limiter aux conseils circonstanciés, notre tâche consiste avant tout à les comprendre, à les deviner, afin aussi de mieux percevoir, à travers eux, ce que sera l'attente des générations futures – leur passion pour ce produit noble qu'est le Havane.

Enfin, qu'il nous soit permis de rappeler que jamais un tel ouvrage – qui ne se conçoit que comme un hommage aux « cimes » du cigare – n'aurait vu le jour sans un travail familial constant, auquel tous ont œuvré d'égale manière. Notre père, bien sûr, mais nous tous aussi qui ensemble avons veillé à transmettre le mieux possible ce qu'il nous a enseigné – et qui, aujourd'hui, « coule » littéralement dans nos veines : le goût de la qualité suprême, la sélection des sélections.

VAHÉ GÉRARD

Gerard Pere
HABANA

Index

Gérard
PÈRE ET FILS
GENÈVE

Noga Hilton - 19, quai du Mont-Blanc, 1201 Genève
Tél. 4122/732 65 11 - Fax 4122/738 64 73

Crédit photographique :
Toutes les photos de cet ouvrage sont de Matthieu Prier
sauf pp. 6/7 et la 4e de couverture (Daniel Boschung)

Réalisé par Copyright pour les Éditions Solar
Maquette : Jacqueline Leymarie
Coordination : Isabelle Raimond